VOLLSTÄNDIGE WERKE
VON
DOUGLAS BAKER

3

DOUGLAS BAKER

DAS DRITTE AUGE

Edizioni Crisalide

ORIGINALTITEL:

The Third Eye

© Copyright 1981 by Douglas Baker

© Copyright der deutschen Ausgabe 1997 Edizioni Crisalide

Aus dem Englischen übersetzt von David Lane und Susanne Treichel

Überarbeitet von Eva M. Röltgen und Franchita Cattani

Grafische Gestaltung: Bruno Irmici

EDIZIONI CRISALIDE
Via Campodivivo, 43 – 04020 Spigno Saturnia (LT) – Italien

ISBN 88-7183-902-1

Inhaltsverzeichnis

	Vorwort	9
TEIL I –	**Die Pyramide des Bewußtseins**	
1	Die Pyramide und das Staatswappen der USA	13
2	Die Macht der Formen	20
3	Das Organ der inneren Sicht	31
TEIL II –	**Die physische Grundlage des dritten Auges**	
4	Das mittlere Auge	39
5	Die feinstofflichen Körper	53
TEIL III –	**Die Energie folgt dem Gedanken**	
6	Das dritte Auge in der Symbolik	71
7	Die Wiedereinsetzung des Decksteins	77
TEIL IV –	**Anwendungen**	
8	Yoga – von Vishwanath Keskar	93
9	Yoga aus westlicher Sicht	117
10	Die Chirurgie und das dritte Auge	128
11	Die Manifestation der Kräfte	138
TEIL V –	**Anhang**	
1	Quantenevolution	149
2	Klassiker der okkulten Literatur	151
3	Spirituelle Werte	153

VORWORT ZUR DEUTSCHEN AUSGABE

Mit dieser Ausgabe der Werke von Douglas Baker hat nun auch die deutsche Leserschaft Gelegenheit, seine Lehre kennenzulernen und sich Zugang zu seinem reichen und erhellenden Wissensschatz zu verschaffen.

Das Menschengeschlecht – eingebettet in den unermeßlichen Strom der Evolution – nähert sich unaufhaltsam einem neuen, fünften Reich, dem Reich der Seelen.

Einige wenige Menschen haben die Verantwortung auf sich genommen, diese Evolution planmäßig voranzutreiben. Unter ihnen haben manche bereits mehr oder weniger deutlich die Stimme ihrer Seele – die Stimme der Stille – gehört.

Diese Stimme bittet sie eindringlich, ihre Schritte auf dem Rückweg zum Ursprung zu beschleunigen. Wer sie einmal gehört hat, kann sich ihr nicht mehr verschließen, will er seinen Lebenssinn nicht verleugnen.

Diesen Menschen wird Douglas Bakers Lehre eine außerordentliche Hilfe sein. Sie vermittelt ihnen sowohl eine genaue Kenntnis des wahren Wesens des Menschen sowie des Universums als auch eine äußerst hilfreiche Methode, um einen ununterbrochenen und erleuchtenden Dialog zwischen ihrer Persönlichkeit und ihrer Seele – ihrem wahren Wesen – herzustellen.

Raffaele Iandolo, Herausgeber

DER WELTENBAUM IM KÖRPER DES MENSCHEN

Der menschliche Körper ist ein Wunder – die verschiedenen Kreisläufe und Organe, aus denen er besteht, weisen eine wunderbare Anordnung und erstaunlich perfekte Zusammenarbeit auf. Hinter diesem physischen Rahmen verbergen sich ein Zweck und Plan. Der wichtigste und komplizierteste Teil des Ganzen ist das zentrale Nervensystem mit seinem Stamm und den unzähligen Verzweigungen, die sich in alle Richtungen ausbreiten – das macht ihn einem Baum vergleichbar. Die Blüten an diesem Baum des Lebens sind die *Chakras* oder Nervengeflechte. Die Knoten an den verschiedenen Stellen sind die Hormondrüsen. Zuoberst auf dem Baum wächst eine Frucht – sie ist Frucht und Blüte zugleich, die Unsterblichkeit versprüht und den Duft von Glückseligkeit überall um sich verströmt. Blüte und Frucht sind für das physische Auge unsichtbar; man sieht nur den nackten Baum mit seinen Ästen und Zweigen. Um zu diesen herrlichen Teilen aufzusteigen und sie zu nutzen, müssen bestimmte Schritte unternommen werden (siehe S. 96).

Teil I

DIE PYRAMIDE DES BEWUSSTSEINS

1

DIE PYRAMIDE UND DAS STAATSWAPPEN DER USA

Es ist erstaunlich, wie oft das schwerverständliche Thema des dritten Auges die Aufmerksamkeit der Öffentlichkeit erregt.

Als die Amerikaner 1976 mit den Feierlichkeiten ihrer Zweihundertjahrfeier begannen, wandte sich das allgemeine Interesse auch wieder der bedeutenden Angelegenheit des Staatswappens zu, das sich nach einer genaueren Betrachtung als ein Symbol von außerordentlicher okkulter Bedeutung erwies (siehe S. 15).

Zum Zweck der inneren Verwaltung ist die Welt in sogenannte Gemeinden aufgeteilt, die von Meistern sowohl des Ostens wie des Westens geleitet werden. Die Vereinigten Staaten gehören, wie viele andere Länder, zur westlichen Gemeinde; und einem der westlichen Meister, der unter höherer Führung wohl auch für die Gründung der Vereinigten Staaten verantwortlich war, unterliegt noch heute die Führung Amerikas.

Man muß wissen, daß die Trennung der angelsächsischen Unterrasse (zu der Großbritannien und die Vereinigten Staaten gehören) nie beabsichtigt war – es war eine okkulte Katastrophe. Unglücklicherweise wurde König Georg III. von einer Geisteskrankheit heimgesucht, und niemand, nicht einmal dem engagiertesten Eingeweihten, gelang es, zum Monarchen durchzudringen, um so das Unvermeidliche zu verhindern. Die Eingeweihten konnten nur noch alles in ihrer Macht Stehende tun, um sicherzustellen, daß durch die letztendliche Trennung der Beitrag, den Großbritannien und die USA je zur planetarischen Evolution beisteuern sollten, nicht drastisch vermindert wurde.

H. P. Blavatsky besprach in der Dezemberausgabe 1883 von *The Theosophist* die Rolle der *älteren Brüder* in den Angelegenheiten der Nationen. Die Frage eines Lesers war der Anlaß, weswegen sie die Rolle der Eingeweihten in der amerikanischen Unabhängigkeitsbewegung beschrieb. Während sie ausdrücklich feststellte, daß die tibetanischen und indischen Mahatmas sich nicht an der Bewegung beteiligten, erwähnte sie die westlichen Meister mit keinem Wort, und von diesen gibt es mehrere. Einer von ihnen muß, gemäß der okkulten Überlieferung, hinter dem amerikanischen Drama stehen. Möglicherweise war auch einer von ihnen der unbekannte Redner des 4. Juli 1776.

Eins steht jedoch fest: Zu den Gründungsvätern der Vereinigten Staaten zählten viele Mitglieder esoterischer Orden. Angesichts der Wahl ihres Wappens tritt klar zutage, daß sie durch dieses eine wichtige Botschaft zu übermitteln suchten – eine Botschaft, die von Generation zu Generation überliefert würde. Eine Botschaft, die andeutete, daß sowohl die Nation wie ihre Bürger unvollständig waren und daß völlige Integration etwas erforderte, das kaum in der materiellen Welt zu finden war. Es wies auf eine numinose Energie im Deckstein der Pyramide und zugleich auch im „Deckstein" des Menschen hin.

Erstaunlich ist weiterhin, daß die Vereinigten Staaten mit ihrem im Grunde christlichen Hintergrund und starken puritanischen Einfluß ein Wappen auswählten, das auf den ersten Blick recht wenig christliche Symbolik aufweist.

Was das bedeutet, wird offensichtlicher, wenn wir der tieferen Bedeutung der Haltungen nachgehen, die ein spiritueller Mensch, etwa ein Yogi, einzunehmen fähig ist. Am bekanntesten unter den Asanas ist Padmasana oder die Lotoshaltung. Die ober-

DIE PYRAMIDE UND DAS STAATSWAPPEN DER USA

Als die Vereinigten Staaten gegründet wurden, war die europäische Mystik noch lebendig. Die Mysterienschulen legten bei der Gründung der neuen Regierung Hand an, und ihr Wirken ist immer noch auf dem Staatswappen der Vereinigten Staaten zu sehen. Die sorgfältige Analyse des Wappens enthüllt eine Vielzahl okkulter und freimaurerischer Symbole.

Auf dieser Abbildung ist die Rückseite des Staatswappens der Vereinigten Staaten von Amerika zu sehen. Die Bedeutung der mystischen Zahl 13, die darauf oft vorkommt, bezieht sich nicht nur auf die Zahl der Gründerstaaten. Auf der Vorderseite des Staatswappens sind 13 Sterne über dem Kopf des Adlers angeordnet[1]. In seiner rechten Klaue hält der Adler einen Zweig mit 13 Blättern und 13 Beeren, in seiner linken ein Bündel mit 13 Pfeilen. Das Motto *E pluribus unum* besteht aus 13 Buchstaben, ebenso wie die Inschrift *Annuit coeptis*. Die Fassade der unvollendeten großen Pyramide von Gise besteht auf diesem Bild aus 72 Steinen (ohne die Tafel mit dem Datum), die in 13 Reihen angeordnet sind. Auf der Spitze der Pyramide befindet sich das Freimaurersymbol des »allsehenden« oder sogenannten *dritten Auges*.

1) Im Originalwappen von 1782 war es noch der Kopf eines Phönix, ein altes mystisches Symbol für die Vollendung der alchemistischen Transmutation, die der menschlichen Regeneration entspricht.

DAS DRITTE AUGE

flächliche Betrachtung der Form, die ein Mensch in dieser Haltung einnimmt, führt zum Schluß, daß sie einer Pyramide ähnelt, wenn man eine Linie den Umrissen entlang zieht. Der Kopf bildet den Deckstein der Pyramide, und der überlieferungsgemäß zwischen den Augenbrauen liegende „heilige Raum" stellt den Sitz der inneren Schau dar – das sogenannte *dritte Auge*, das seinen gebenden oder positiven Aspekt durch das Brauen- oder Ajna-Chakra äußert.

Heute wissen wir mehr über die Pyramiden als noch vor einer Generation. Trotz umfassender Ägyptologiestudien, die mit Napoleons Eroberung Ägyptens begannen, und der zahlreichen bemerkenswerten Bücher, die zu diesem Thema erschienen sind, sind die Pyramidenform an sich und ihre Bedeutung für die spirituelle Entwicklung noch kaum behandelt worden – abgesehen von der Annahme, die Cheopspyramide sei einst ein Initiationstempel gewesen. Wie dem auch sei – wenn wir uns langsam an den Gedanken gewöhnen, daß Formen an sich, insbesondere die symmetrischen, Energieakkumulatoren sind, dann tritt die verborgene Bedeutung solcher Bauwerke zutage.

Für das westliche Denken ist diese Annahme nicht leicht zu akzeptieren, nämlich daß alle symmetrischen Formen potentielle Energiespeicher sind, unabhängig davon, ob es sich hierbei um Pyramiden, Würfel, Kugeln oder sonst eine symmetrische Form handelt, und ungeachtet des Materials, aus dem sie bestehen – also ob beispielsweise aus Stein (wie die Cheopspyramide), aus Holz oder sogar aus Papier. Jede Form zieht spezifische, ihren Dimensionen entsprechende Energien an und speichert sie.

DIE PYRAMIDE UND DAS STAATSWAPPEN DER USA

DER MENSCH ALS ENERGIEAKKUMULATOR

DAS DRITTE AUGE

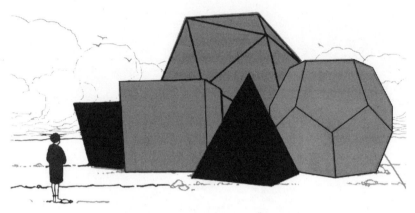

DIE PLATONISCHEN KÖRPER

Im Altertum glaubte man, das Universum bestehe aus ganz bestimmten Grundformen, und diese Formen nennen wir noch immer *platonische Körper* (siehe Abb.). Es wird jedoch immer noch nicht anerkannt, daß diese Formen durch ihre Eigenschaften die Art der Schwingung in unserer Umgebung beeinflussen. Darüber hinaus könnten sie als Speicher jeweils ganz bestimmter Energien verwendet werden, wenn wir sie vor unserem inneren Auge visualisieren. Diese Energien könnten dann in die verschiedenen Körper des Menschen geleitet und zur Aktivierung der Chakras und ihrer entsprechenden Blütenblätter genutzt werden.[2]

Wir sehen also, daß Gott „geometrisch wirkt", und zwar sowohl in den Formen außerhalb wie innerhalb des menschlichen Körpers.

Charles Dickens schärfte seine Rasierklingen, indem er sie unter eine Pyramide legte, was darauf hindeutet, daß irgendeine magnetische Kraft die Eisenmoleküle der geschärften Klinge in einer bestimmten Weise ausrichtete.

2) Siehe Baker, Douglas: *The Jewel In The Lotus*, S. 188 ff.

DIE PYRAMIDE UND DAS STAATSWAPPEN DER USA

Wir wissen, daß die Energie auf den verschiedenen Ebenen der Pyramide unterschiedlich ist. Die Energie im unteren Drittel der Pyramide, in dem Säugetiergewebe unendlich lang unverweslich bleibt, schwingt auf einer deutlich niedrigeren Frequenz als die Energie in der Spitze der Pyramide.

2

DIE MACHT DER FORMEN

Die Wahrheit, die in diesen Dingen steckt, bekam ich während einer längeren Zeit der Einkehr in den frühen fünfziger Jahren mit ganzer Macht zu spüren. Damals hatte ich wichtige Entscheidungen über meine Zukunft zu treffen und empfand ein starkes inneres Verlangen, mich zurückzuziehen.

Der Ort, den ich mir dazu auswählte, war die abgelegene Gegend Philippi südlich von Kapstadt in Südafrika. Es ist eine viele Quadratkilometer große Halbwüste aus Sanddünen und Grasland. Philippi liegt nicht weit von der Südspitze Afrikas, wo der Atlantische und der Indische Ozean zusammenkommen – der eine eisig und turbulent, der andere warm und meist ruhig.

Ich hatte das typische materielle Leben eines vielseitigen, gesellschaftlich anerkannten und wohlhabenden jungen Mannes mit guter Bildung hinter mir gelassen. Die Zukunft lag vor mir, ich hatte die besten Aussichten, Geld zu verdienen, aber nichts konnte mich mehr locken. Nichts in der Welt erschien mir mehr wichtig, als von meinem 28. Lebensjahr an eine Reihe innerer Erfahrungen an meiner Selbstzufriedenheit zu nagen begann. Diese Erfahrungen stellten sich ganz plötzlich ein, nachdem mir ein Freund auf einer Party von den alten Weisheitslehren erzählt hatte.

Zuerst waren sie lediglich eine angenehme Abwechslung und ein neues Gesprächsthema. Dann entwickelten sie sich in zunehmendem Maße zu meinem wichtigsten Anliegen, um schließlich zu

DIE MACHT DER FORMEN

einer wundersamen Besessenheit zu werden, die eine Änderung meiner Lebensweise erforderte. Mich verlangte zusehends nach einem meditativen Leben, und ich brauchte dringend etwas Zeit, um mich zurückziehen und besser verstehen zu können, was mein höheres Selbst mir mitzuteilen suchte. Dies führte mich in die Wildnis von Philippi und dahin, daß ich den ernsthaften Versuch zu einem Dialog mit diesem Selbst unternahm.

Für den Hatha-Yoga war ich mit meinem recht massiven Körperbau gänzlich ungeeignet, außerdem war ich in der Regel überarbeitet und daher eher verspannt als gelenkig. Da ich die Padmasana-Haltung unmöglich einnehmen konnte, machte ich hier eines von vielen Zugeständnissen an die Realität meiner Lage und entschied mich, lieber in dem Clubsessel zu meditieren, den ich nach der Auflösung meiner eleganten Wohnung in Kenilworth behalten hatte.

Seit je war ich ein Frühaufsteher gewesen und hatte instinktiv das Gefühl, ich sollte wenn möglich vor Sonnenaufgang mit dem Meditieren beginnen. Also setzte ich mich auf eine hohe Sanddüne mit Blick über den Indischen Ozean bis zum östlichen Horizont. Es dauerte nicht lange, bis mir dieser Ort so lieb wurde, daß ich beschloß, meinen alten Clubsessel zuoberst auf die Düne zu schleppen und ihn darin so festzudrücken, daß ich nach der Sonne Ausschau halten und meiner Meditation nachgehen konnte.

Die Betrachtung des allmorgendlichen Aufsteigens des großen rotgoldenen Sonnenballs aus dem Indischen Ozean wurde für mich ein hervorragender Gegenstand der Meditation. Bald lernte ich, diesen Gegenstand in den heiligen Raum zwischen meinen Augenbrauen zu verlegen und ihn jeden Morgen hinter geschlossenen Augenlidern zu sehen, lange bevor die Sonne tatsächlich über dem Horizont im Meer aufging. Bald schon konnte ich mir diese rotgoldene Kugel zu jedem beliebigen Zeitpunkt an diesem Punkt denken.

DAS DRITTE AUGE

Zu meinem eigenen Erstaunen stellte ich fest, daß ich durch die Vorstellung dieser Form an der neutralen Stelle zwischen den Brauen von Energie durchflutet wurde. Es war eine besondere Energie, die es mir ermöglichte, meine Aufmerksamkeit weitaus effektiver zu konzentrieren. In späteren Jahren erkannte ich dann, daß diese Energie die Energie von „Wille und Kraft" war und daß dementsprechend die Form der Kugel in Beziehung zum *ersten Strahl* steht.

Einige Jahre später, im Anschluß an diese Zeit der Zurückgezogenheit, nachdem ich mein Selbst erkannt und den Zweck meines Seins in diesem Leben kennengelernt hatte, war ich in der Lage, dieses meditative Mittel zu nutzen, um während des Medizinstudiums mein Bewußtsein mit Energie zu durchfluten. Es war eine höchst hilfreiche Stütze, die mir das Studieren – für jemanden über Dreißig keine einfache Aufgabe – um einiges erleichterte.

Doch erst sehr viel später verstand ich langsam, daß die Methode, sich den großen aufgehenden Sonnenball im heiligen Raum zwischen den Brauen vorzustellen, die Basis für nahezu jede Form von Kreativität ist, wie sie von Künstlern, Dichtern, Bildhauern und Schriftstellern objektiv ausgeübt wird. Darüber hinaus wenden auch diejenigen sie an, die subjektiv im Reich der kreativen Meditation, der Fernheilung und des Aussäens von Gedanken in den Geist anderer arbeiten.

* * * * *

Es verging ein Jahrzehnt, bevor mir im Laufe meiner Beschäftigung mit der Astrologie klar wurde, daß ich über einen Gegenstand meditiert hatte, der der Symbolik und sogar der Form meines Waageaszendenten genau entsprach – einer auf- oder untergehenden Sonne am Horizont. So finden sich denn die geeigneten Gegenstände und Formen zur Visualisierung auch stets im Horoskop des Meditierenden.

DAS DRITTE AUGE

Das zeigt eindrücklich, wie ein Gebilde aus jedem Material geformt werden kann, sogar aus geistigem, um Energie zu speichern. Der Leser kann den außerordentlichen Wert der Verwendung althergebrachter Formen als Meditationsgegenstand selbst erfahren, indem er sich diese bei der Meditation im heiligen Raum vorstellt.

Die Pyramide gehört zum zweiten Strahl der Liebe und Weisheit und hängt dementsprechend mit dem Lehren und Heilen zusammen. Als Grundvoraussetzung für jede Heilung erzeugt die Visualisierung einer indigofarbenen Pyramide im heiligen Raum ein Kraftzentrum beim Heiler, das als Speicher ebender Energie dient, die der Heiler dann auf den Patienten überträgt.

Genauso fördert die Vorstellung eines Würfels im selben heiligen Raum, besonders eines smaragdgrünen, eine philosophische Grundhaltung und wirkt sich zudem grundlegend auf die Einstellung zu solchen Dingen wie etwa Widrigkeiten aus. Die Worte John Richardsons in dem (Shakespeare zugeschriebenen) Stück *Wie es euch gefällt* sind hier sehr zutreffend:

> *Süß ist die Frucht der Widrigkeit,*
> *die, gleich der Kröte, häßlich und voll Gift,*
> *ein köstliches Juwel im Haupte trägt.*

Dieser Exkurs in die Betrachtung der Formen als Energieakkumulatoren soll dem Leser den wichtigen Grundgedanken nahebringen, daß er letztlich eine Energieeinheit ist und daß seine eigene Form eher seinen Qualitäten auf der Ebene der Energie entspricht. Mit Form ist dabei nicht nur die Körperform gemeint, sondern auch seine Aura, die Funktionsfähigkeit seiner Chakras und der Grad, in dem Organe wie das dritte Auge ausgebildet sind.

„Energie folgt dem Gedanken." Stellen Sie sich eine Pyramide, eine Kugel, eine Blüte oder einfach einen Ring aus Blütenblättern

DIE MACHT DER FORMEN

vor, und schon fließt Energie hinein. Das visualisierte Muster oder der vorgestellte Gegenstand wird zum Energiereservoir, dessen Größe, Qualität und Intensität im wesentlichen durch die Form, Symmetrie und *okkulte* Bedeutung des jeweiligen Gegenstandes bestimmt werden. Diese Bedeutung wiederum hängt davon ab, wie stark der gewählte Gegenstand oder das jeweilige Symbol im Unterbewußtsein des Meditierenden, seiner Rasse und dem kollektiven Unbewußten der ganzen Menschheit verankert ist.

Diese Energie strömt dann nicht nur in den vorgestellten Gegenstand oder Begriff, sondern verbindet sich mit allen anderen ähnlich geformten Gegenständen ... mit Pyramiden, Blüten usw. überall. Handelt es sich bei dem Gegenstand der Vorstellung um einen hilfesuchenden Patienten, so kommt es zum Phänomen der Fernheilung. Man versorgt nicht nur das zwischen den Augenbrauen vorgestellte Bild des Patienten mit Energie, sondern erreicht damit auch den Notleidenden in der Ferne, und man überträgt nicht nur Energie, sondern Leben an sich. Die Vereinigung des Lebens des einen mit dem Leben des anderen findet statt.

Yoga ist eine Weisheitslehre, die solche mystischen und okkulten Vorgänge unter Kontrolle bringt. Dabei wird nicht nur das Bewußtsein des Übenden erweitert, sondern auch die Ebene seiner schöpferischen Fähigkeiten, so daß er, wie oben beschrieben, ein wahrer Heiler werden kann, ohne notwendigerweise seine Meditationsklause zu verlassen. Die Yogis und alle, die sich in diesen Bereichen zu bewegen lernen, sind mit der Öffnung des dritten Auges befaßt.

Wenn Yogis über einen besonderen Gegenstand, etwa eine Blüte, meditieren, sprechen sie von dem Verschmelzen ihres Bewußtseins mit der Blüte – als wären sie selbst das bewußte Leben der Blüte und zugleich das, welches ihren eigenen Körper durchflutet.

Das erinnert an Aldous Huxleys Selbstversuche mit den mystischen Wirkungen des Meskalins. Er erwähnt, wie er im Verlauf seiner Experimente irgendwann seine Aufmerksamkeit auf einen kleinen Kratzer an seinem Arm richtete. Der Kratzer vergrößerte sich zu einem tiefen Spalt. In seinem Buch *Die Pforten der Wahrnehmung*[1] beschreibt er seine Empfindungen, nachdem er vier Zehntelgramm Meskalin eingenommen hatte:

> Ich hielt es immer für möglich, daß ich, zum Beispiel durch Hypnose oder Autosuggestion oder mittels systematischen Meditierens oder auch durch das Einnehmen eines geeigneten chemischen Präparats, meinen gewöhnlichen Bewußtseinszustand so verändern könnte, daß ich fähig wäre, von innen her zu wissen, wovon der Visionär, das Medium, ja sogar der Mystiker reden ... Ich schluckte meine Pille um elf Uhr. Eineinhalb Stunden später saß ich in meinem Arbeitszimmer und blickte angespannt auf eine kleine Glasvase. Die Vase enthielt nur drei Blumen – eine voll erblühte „Schöne-von-Portugal"-Rose, muschelrosa, mit einer wärmeren, flammenderen Tönung am Grund jedes Blütenblatts; eine große magentarote und cremeweiße Nelke; und auf gekürztem Stengel die blaßviolette, sehr heraldische Blüte einer Schwertlilie ... Ich blickte weiter auf die Blumen, und in ihrem lebendigen Licht schien ich das qualitative Äquivalent des Atmens zu entdecken – aber eines Atmens ohne das wiederholte Zurückkehren zu einem Ausgangspunkt, ohne ein wiederkehrendes Ebben; nur ein wiederholtes Fluten von Schönheit zu erhöhter Schönheit, von tiefer zu immer tieferer Bedeutung. Wörter wie Gnade und Verklärung kamen mir in den Sinn. Und unter anderem war es selbstverständlich das, wofür sie stehen. Meine Augen wanderten von der Rose zur Nelke und von diesem fiedrigen Erglühen zu den glatten Schnörkeln aus sensitivem Amethyst, welche die Iris waren. Die selige Schau, *Sat Chit Anada*, Seins-Gewahrseins-Seligkeit – zum erstenmal verstand ich, nicht auf der Ebene der Wörter, nicht durch unzusammenhängende Andeutungen oder nur von fern, sondern deutlich und vollständig, worauf sich diese bedeutungsvollen Silben beziehen.

1) Huxley, Aldous: *Die Pforten der Wahrnehmung*. Piper, München 1966, S. 12 ff.

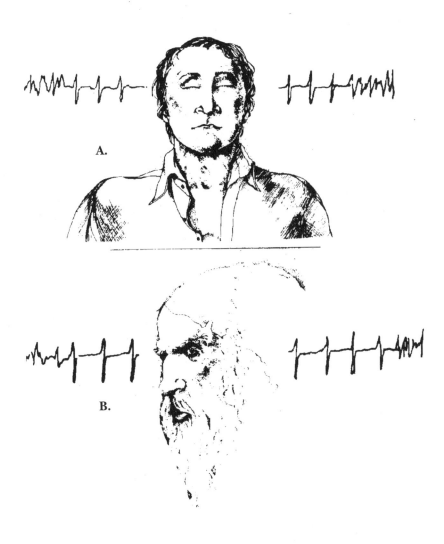

Meditation erfolgt im Zwischenraum zwischen den Gedanken (A). Stellt man sich ein Bild des höheren Selbst vor, zum Beispiel durch ein entsprechendes Symbol, einen Meister, Christus, Buddha usw., so wird dadurch die Grundlage zur Verbindung mit diesem höheren Wesen (B) gelegt.

DAS DRITTE AUGE

Die Fähigkeit, sich ein Bild des „göttlichen Menschen", das kosmische höhere Selbst oder dessen Vertreter – einen Meister, Christus, Buddha usw. – zwischen den Augen vorzustellen, führt ebenfalls zur Vereinigung mit diesem.

Yogis beanspruchen die Gabe für sich, „im Garten ihres eigenen Geistes und in demjenigen anderer wandeln zu können". Erinnerungen sind für sie wirklich und faßbar und ihrer Betrachtung stets zugänglich. Jeder Mensch ist jeden Augenblick in der Lage, sich an alles zu erinnern, was er je erlebt hat, und alles wahrzunehmen, was irgendwo im Kosmos geschieht.

Huxley stimmte mit dem Philosophen Dr. C. D. Broad aus Cambridge darin überein, daß „die Funktion des Gehirns, des Nervensystems und der Sinnesorgane hauptsächlich *eliminierend* und nicht produktiv sei ... um uns davor zu schützen, durch größtenteils unnützes und belangloses Wissen überwältigt und verwirrt zu werden und das meiste dessen auszuschließen, was wir sonst in jedem Augenblick wahrnähmen oder an das wir uns erinnerten, und nur eine sehr kleine und spezifische Auswahl dessen übrigzulassen, was von praktischem Nutzen ist".

Das Gehirn funktioniert wie ein Reduktionsventil, welches das universelle Wissen zurückhält und damit auch alle Macht und alles Leben. Die Yogis sagen, es gebe nur eine einzige universelle

DAS DRITTE AUGE

Lebenskraft, die den ganzen Planeten als eine Einheit erfülle und die nicht in Wirklichkeit, sondern nur als Illusion in unserem Geist in die verschiedenen Pflanzen, Tiere und Menschen aufgeteilt sei. Sie nennen die Fähigkeit, Vereinigung (oder Kommunion) mit dieser *einen* Lebenskraft zu erfahren, Samadhi – es ist die Verbindung (Sanskrit *yoga*) mit dem Unendlichen.

In einer Art physiologischer Analogie könnte man es sich in etwa so vorstellen: Eine einzelne lebende Körperzelle mit ihrem winzigen, individuellen Bewußtsein wäre durch eine außergewöhnliche Disziplin oder Anstrengung in der Lage, an dem ganzen Bewußtsein, das in der Regel den menschlichen Körper in seiner Gesamtheit durchflutet – in dem die Zelle lebt, sich bewegt und ihr Sein hat –, einen Augenblick lang teilzuhaben. Der Yogi im Samadhi wäre diese Zelle, der gesamte Kosmos der lebendige Körper. Ein solchermaßen erweitertes Bewußtsein kann nur über kurze Zeiträume und mit unterschiedlicher Intensität aufrechterhalten werden. Der Zustand des Samadhi wird also graduell abgestuft und mit Unterbrechungen erfahren.

3

DAS ORGAN
DER INNEREN SICHT

Wie das Organ der inneren Sicht funktioniert, ist ein Thema von existentieller Bedeutung. Häufig wird der Fehler begangen, zu glauben, Hellsichtigkeit – die Fähigkeit, durch Wände, entfernte Dinge oder in die Vergangenheit und Zukunft schauen zu können – sei die einzige Art und Weise, in der sich das dritte Auge offenbare, doch dem ist nicht so. Die genannten Fähigkeiten zählen wahrscheinlich zu den aufsehenerregendsten Formen der Hellseherkunst, sind aber keinesfalls die einzigen. Jeder Zugang zu einer Autorität, die die eigene Persönlichkeit übersteigt, deutet auf ein aktives drittes Auge hin, solange der Betreffende ausreichend wahrnehmungsfähig ist und sein Bewußtsein nicht an irgendeine besitzergreifende Wesenheit verloren hat.

Um mystische Erlebnisse hervorzurufen, hat man bei Experimenten häufig Distickstoffoxid (Lachgas) verwendet. In einer ganz anderen Situation versuchte Winston Churchill, als er nach einem Unfall im Jahre 1932 aus der Narkose erwachte, ebendiese Erfahrung in Worte zu fassen:

> Das Sanktum ist von fremden Mächten besetzt. Ich sehe die absolute Wahrheit und Erklärung der Dinge, aber irgend etwas fehlt, und das verdirbt alles. Ich muß also meinen Blickwinkel erweitern, um eine noch umfassendere Wahrheit, eine noch vollständigere Erklärung zu erkennen, die das lebende Element einbegreift. Dennoch fehlt immer noch etwas. Wir müssen also den Blickwinkel noch mehr erweitern ... Und das geht unerbittlich immer so weiter.

DAS DRITTE AUGE

Jeder Mensch hat seine eigene Würde, seine eigenen Qualitäten, und diese werden wiederum von zeitlichen Gegebenheiten und von der Situation im Raum beeinflußt, die über ihre eigenen Qualitäten verfügen. Das Karma vergangener Leben, die Wirksamkeit permanenter Atome, der Einfluß der Strahlen, die Funktionsfähigkeit der Chakras, sie alle entscheiden darüber, wie und auf welche ganz besondere Weise sich das dritte Auge individuell äußern wird.

Wir sollten unverzüglich alle Vorstellungen darüber, konkrete Organe lägen der Funktion des dritten Auges zugrunde, fallenlassen. Wenn wir an die Kräfte denken, die durch das geöffnete Organ der inneren Sicht frei werden, fällt einem als erstes die hellseherische Wahrnehmung ein, und dafür gibt es viele Beispiele. Die Werke von C. W. Leadbeater, dem theosophischen Hellseher, stechen in diesem Bereich besonders hervor.

Während einer hellseherischen Erfahrung im Jahre 1913 sah Leadbeater die Kathedrale St. Paul in einer 700 Jahre entfernten Zukunft. Bei der Bombardierung Londons im zweiten Weltkrieg fragten sich viele, ob die Kathedrale wohl zerstört und Leadbeaters Beobachtung Lügen strafen würde. Doch obwohl die umliegenden Gebäude dem Erdboden gleichgemacht wurden, bekam sie kaum einen Kratzer ab.

Auf Leadbeaters Wahrnehmung des Kerns aller bekannten Elemente basiert sein erstaunliches Werk *Okkulte Chemie*, in dem die Struktur der Kleinstteilchen, aus denen sich der Kern eines Atoms zusammensetzt, abgebildet ist. Zur damaligen Zeit und noch fünfzig Jahre danach glaubten die Wissenschaftler, die Elemente setzten sich aus einer Kombination von Neutronen, Protonen und Elektronen zusammen. Gold beispielsweise habe mehr Protonen, Neutronen und Elektronen als Sauerstoff und Stickstoff.

Die Elemente schienen dem damaligen wissenschaftlichen Verständnis zufolge aus nichts weiter zu bestehen als aus einer recht

DAS ORGAN DER INNEREN SICHT

ST. PAUL'S KATHEDRALE IN LONDON

uninteressanten unterschiedlichen Anordnung dieser Bestandteile um den Atomkern des jeweiligen Elements. Heute wissen wir nach der Entdeckung des Quarks, daß der Atomkern weitaus komplizierter strukturiert ist, als es die Wissenschaft einst annahm. Wir wissen nun, daß der Atomkern eine Vielzahl verschiedener Energien und außerordentlicher Bewegungsabläufe der Quarks enthält, die viel eher mit den Beobachtungen Leadbeaters übereinstimmen als mit dem Aufbau der Elemente, wie wir ihn im Chemieunterricht gelernt haben.

Man sollte nicht vergessen, daß Leadbeater um die Jahrhundertwende mit Annie Besant zusammenarbeitete. Annie Besant war ein geschätztes Mitglied der Gesellschaft, hatte sehr hohe moralische Zielvorstellungen, war Sozialistin und Feministin und hielt oft Reden vor einer großen Menschenmenge in der Londoner

Royal Albert Hall. Man sagt, sie habe mehr als irgendein anderer Europäer für die Befreiung Indiens von der Herrschaft Großbritanniens getan. Sie bestätigte die Beobachtungen Leadbeaters, und auch der Autor dieses Buches hat immer wieder betont, daß Leadbeaters Werk die ihm gebührende Anerkennung erfahren wird, der Unschlüssigkeit der Theosophen, die es eigentlich besser wissen sollten, zum Trotz.

C. W. Leadbeater wies darauf hin, daß seine hellseherischen Fähigkeiten mit der langen Zeit zusammenhingen, die er zwischen dem letzten und gegenwärtigen Erdenleben im Devachan (Götterland) verbracht hatte. Er meinte, er sei „mit einem Wolkenschweif aus Herrlichkeit" (Wordsworth) wiedergekommen und habe mit diesen heiligen Attributen versehen sowohl in das winzigste Atom als auch in die Vergangenheit und Zukunft blicken können. Interessant ist, daß Leadbeater erwähnte, er habe ein langes, sich verjüngendes, trichterähnliches Gebilde geformt, um von seiner Braue aus in den Mikrokosmos der Atome zu schauen.

Die Schriften von Edgar Cayce sind zu bekannt, um sie hier nochmals aufzugreifen. Er war nicht nur in der Lage, die karmische Beschaffenheit eines Menschen in dessen früheren Leben zu untersuchen, sondern konnte auch Krankheiten von Patienten diagnostizieren, denen er nie begegnet war, aber mit denen er in irgendeiner Verbindung stand.

Wie sich das Organ der inneren Sicht beim großen Mystiker Emanuel Swedenborg äußerte, hat der Autor bereits in seinem Buch *Life after Death* beschrieben. Unter vielen anderen Kräften, die in ihm manifest waren, erwähnte er häufig, daß himmlische Wesen geradezu Schlange standen, um durch seine physischen Augen einen Blick in unsere Welt zu erhaschen.

In den Mythologien aller Völker finden sich immer wieder Hinweise auf das dritte Auge. Die alten Ägypter nannten es das *Auge des Horus*. In den römischen und griechischen Sagen wird das

DAS ORGAN DER INNEREN SICHT

dritte Auge als die Verdickung am Ende des Merkurstabes erwähnt, den Merkur oder Hermes, der Götterbote, bei sich trug. Bei den römischen Bacchanalien spielte der Säugling Bacchus mit einem Kiefernzapfen und einem Spiegel. Der Spiegel stellte die astrale Ebene dar und der Kiefernzapfen die Zirbeldrüse, deren Form angeblich einem Kiefernzapfen glich.

Im Neuen Testament bezieht sich Jesus mit den Worten: „Wenn dein Auge gesund ist, dann wird dein ganzer Körper hell sein" (Mt. 6,22) auf das dritte Auge. In der englischen Mystik ist es das Horn des Einhorns – das geschärfte Organ eines mythologischen weißen Pferdes, vom dem man glaubte, es sei fähig, den Löwen der Persönlichkeit zu erschlagen. Das Einhorn ist ein Symbol der Seele, und der mit ihm kämpfende Löwe stellt die Persönlichkeit dar. Ebenfalls in der englischen Mystik und meines Wissens auch in der Bibel wird das dritte Auge zudem als leuchtende Schale erwähnt. Es ist der heilige Gral der Artussage und der Ritter in glänzender Rüstung, die ein äußeres Zeichen der Läuterung ist. Die Ritter in der glänzenden Rüstung suchten den heiligen Gral, das Auge der inneren Wahrnehmung, das alle Dinge für sie sichtbar machen sollte.

Weltweit bekannt wurde das dritte Auge vermutlich durch ein literarisches Experiment der fünfziger Jahre. Wir erinnern uns wahrscheinlich alle an das bekannte Buch von Lobsang Rampa, *Das dritte Auge*, das damals zu vielen Kommentaren Anlaß gab. Der Inhalt dieses Buches elektrisierte nicht nur esoterisch interessierte Leser, sondern auch solche, die dafür nicht das geringste Interesse hatten. Die meisten schienen zu glauben, das Buch sei tatsächlich das authentische Werk eines tibetanischen Lamas.

Darin wird die Geschichte eines kleinen Jungen aus sehr gutem Hause in Tibet erzählt, der in ein lamaistisches Kloster eintrat und dort zur Vorbereitung auf die Öffnung des dritten Auges einer Reihe von Prüfungen und Versuchungen unterzogen wurde. Nach vielen Entbehrungen gipfelte seine Erfahrung darin, daß ein Holzstift (ein Holzstück, das mit Kerzenflammen getrocknet und gehärtet wurde, bis es schwarz war) in seine Stirn eingesetzt wurde. Als der Holzstift nach einigen Tagen entfernt wurde, war der Junge hellseherisch geworden. Er konnte Auren sehen, zukünftige Ereignisse vorhersagen und hatte einen tiefen Einblick in das Wesen des Menschen gewonnen.

Während das Buch zu einem der größten Verkaufsschlager seiner Zeit wurde, stellte ein englischer Detektiv Nachforschungen über Lobsang Rampa an. Ein Aufruhr brach los, als er den Londoner Zeitungen enthüllte, daß Lobsang Rampa kein anderer als der Klempner Cyril Hoskins war. Der Skandal zog weite Kreise, aber Hoskins beteuerte stets, der Inhalt seiner Geschichte bleibe gültig. Jedenfalls ließ ihn die Presse nicht in Ruhe, und schließlich wanderte er mit seiner Frau, einer staatlich geprüften Krankenschwester, nach Kanada aus. Wenn ich mich recht erinnere, ließ er sich in der Gegend von Calgary nieder und verfaßte dort einige Fortsetzungen zum *Dritten Auge*, wovon meines Erachtens jedoch keine mit seinem ersten Buch zu vergleichen ist.

Teil II

DIE PHYSISCHE GRUNDLAGE DES DRITTEN AUGES

4

DAS MITTLERE AUGE

Die Frage, die wir uns stellen, ist: „Was ist das dritte Auge?" Das ist nicht einfach zu beantworten, denn es handelt sich eher um eine Frage des Vokabulars als um eine Unkenntnis der Fakten. Im Westen gibt es so wenige Worte, mit denen wir das dritte Auge hinreichend beschreiben könnten – ob es sich nun tatsächlich um ein physisches Gebilde oder ein geistiges Symbol handelt usw.

Das Wissen um diese esoterischen abstraken Begriffe wurde in der westlichen Welt von den fest etablierten Religionen, die esoterische Gesellschaften und Bruderschaften gnadenlos verfolgten, in den Untergrund gezwungen. Die Lehrinhalte mußten nun gezwungenermaßen in Symbole oder in das Gewand der Alchemie und Astrologie gekleidet werden. Die Überlieferung blieb jedoch erhalten, und nun muß sie auf jede gangbare Weise wieder ans Licht geholt und in der Sprache der heutigen Zeit zum Ausdruck gebracht werden.

Natürlich haben wir unsere eigenen esoterischen Ansichten über dieses Thema, und in den okkulten Lehren ist das dritte Auge letztendlich stets das Ziel esoterischer Übungen. Esoterische Übungen oder Disziplinen (wie Maßhalten, Abstinenz, Meditation und Nichtanhaften) zielen auf das Erkennen oder die Lagebestimmung des dritten Auges ab und bereiten den Schüler – den angehenden Eingeweihten oder Novizen – auf die Öffnung

DAS DRITTE AUGE

des dritten Auges vor. Diese soll den Menschen in ein Überwesen verwandeln, in ein Mitglied des fünften Naturreiches – des Reiches der Heiligen, des Seelenreiches.

Nun stellt sich die Frage: „Ist das dritte Auge ein Körperorgan?" Wenn wir das Tierreich und seine Rolle in der Evolution untersuchen, finden wir bei bestimmten Tierarten ein wirkliches physisches Organ, das auf ein drittes Auge hinweist. Man geht davon aus, daß dieses dritte Auge ein pigmentierter Körper, ein Auswuchs des Gehirns ist, den wir Zirbeldrüse nennen. Die Anatomie der Tiere und Menschen besteht, stark vereinfacht ausgedrückt, aus einer Röhre, die an einem Ende geschlossen ist. Die Röhre schwillt an bestimmten Stellen an und bildet das Gehirn. Die Schwellung im vorderen Teil der Röhre bildet das Vorderhirn. Die Verdickung des hinteren Röhrenteils bildet das Rautenhirn. Zwischen dem Vorderhirn des primitiven Tieres (und übrigens auch des Menschen) und dem Rautenhirn stellt ein Auswuchs der Röhre den Teil des Gehirns dar, den wir Zirbeldrüse nennen.

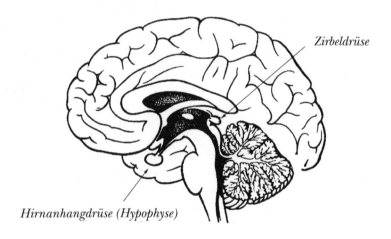

SCHNITT DURCH DAS GEHIRN

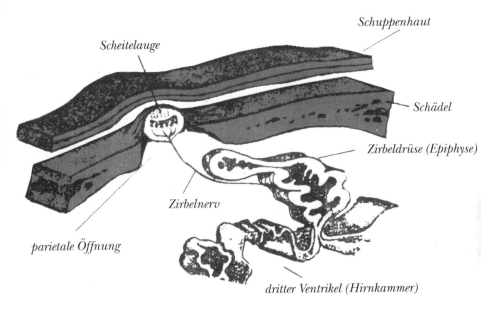

EIDECHSE

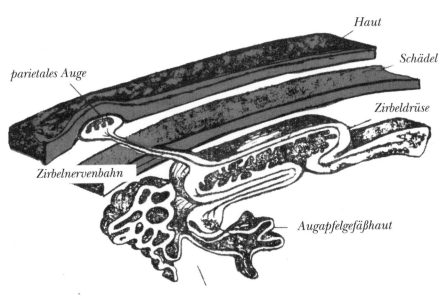

FROSCH

DAS DRITTE AUGE

Diese Zirbeldrüse, ein Auswuchs der Gehirnröhre, tritt bei manchen Tierarten auf, bei anderen nicht. Sie hat die Funktion eines primitiven Auges. Gemeint ist damit, daß der Auswuchs Pigmentzellen enthält und auf Licht reagiert. Man findet ihn beim Schleimaal und ebenfalls bei der Tuatera, der neuseeländischen Brückenechse. Kratzt man bei der Tuatera die schuppenartige Oberfläche des Schädels ab, ist die pigmentierte Drüse leicht zu erkennen. Bei Fröschen sondert diese Zirbeldrüse ein hautfärbendes Hormon ab, so daß die Haut von hell- bis dunkelgrün wechselt, je nach Absonderung der Zirbeldrüse, die ihrerseits lichtempfindlich reagiert.

Man kann also die Zirbeldrüse in der Anatomie primitiver Tiere nachweisen, die bei diesen die Funktion eines primitiven Auges hat. Später werden wir die esoterische Bedeutung dieser Drüse näher beleuchten.

Auch in der Mythologie wird von einem *mittleren Auge* der Urmenschen berichtet, von Riesen mit einem Auge mitten auf der Stirn. Ebenso gibt es der Mythologie zufolge Anzeichen dafür, daß Frühmenschen über die beiden gewöhnlichen Augen hinaus ein zusätzliches Auge auf der Stirn oder am Hinterkopf hatten.

Wenden wir uns der Untersuchung der Anatomie des menschlichen Gehirns zu, stoßen wir auf beträchtliche Veränderungen seit der oben beschriebenen primitiven Röhre. Die Anschwellung im vorderen Teil der Röhre hat sich zu einem großen, umfassenden Gewebe entwickelt, das wir Hirnhemisphären nennen. Zwei Lappen der Hirnhemisphären nehmen nun den größten Teil der Schädelhöhle oder des Schädelinhalts ein. Auch das Rautenhirn ist gewachsen, jedoch nicht in einem vergleichbaren Ausmaß. Während das Vorderhirn zum Großhirn geworden und nun Sitz des menschlichen Bewußtseins und höherer Funktionen wie des Erinnerungsvermögens und Charakters ist, wird das (unbewußte) Rautenhirn nun zum Nach-, Mittel- und Hinterhirn, wobei

DAS MITTLERE AUGE

der dorsale Teil des letzteren – das Kleinhirn – die Bewegungsabläufe koordiniert und für die Erhaltung des Gleichgewichts zuständig ist. Zwischen dem massiven Großhirn aber und dem kleinen Kleinhirn liegt die Zirbeldrüse.

Der mittlere, hohle Teil der „Röhre" ist beim Menschen immer noch vorhanden und bildet die Ventrikeln oder Hirnhöhlen. Diese Ventrikel führen direkt in die Wirbelsäule und enthalten die Gehirn- und Rückenmarksflüssigkeit, die auf ihre eigene Weise zirkuliert. Die Zirbeldrüse ist eine Ausstülpung der Ventrikel. Eine weitere bedeutende Drüse, die Hirnanhangdrüse oder Hypophyse, entsteht aus dem unteren Teil des dritten Ventrikels zwischen diesem und dem Gaumen. Damit haben wir nun anatomisch den Sitz der Zirbeldrüse oder ihrer Überbleibsel beim Menschen beschrieben.

Schon seit langer Zeit besagen esoterische Lehren – so auch Madame Blavatsky, der esoterische Buddhismus und andere –, daß die Zirbeldrüse eine endokrine Drüse sei. Doch erst seit der in den letzten Jahren durchgeführten Forschung – hauptsächlich an der Universität von Minnesota – kann mit Bestimmtheit gesagt werden, daß die Zirbeldrüse tatsächlich eine endokrine Drüse ist, die Hormone absondert, was letztendlich endokrine Drüsen charakterisiert. Hormone sind chemische Botenstoffe, die aus der Entfernung auf die Gewebe einwirken. Sie verursachen Veränderungen der Gewebestruktur und mitunter auch der Gewebefunktionen. Uns sind nicht alle Veränderungen bekannt, die durch die Zirbeldrüse verursacht werden, aber nach Aussagen der Wissenschaft beeinflußt sie die sexuelle Reifung des Menschen, das heißt, ihr unterliegt die Entwicklung der Sexualfunktionen und der Geschlechtsorgane.

Wird die Zirbeldrüse von einem Pinealom (einer gutartigen Geschwulst) befallen, beeinträchtigt dieses ihre Funktion derart, daß sich sexuelle Frühreife einstellt. Die Geschlechtsdrüsen eines an einem Pinealom erkrankten Jungen entwickeln sich so früh, daß

DAS DRITTE AUGE

er bereits im Alter von sieben oder acht Jahren ausgereifte Geschlechtsorgane, Schambehaarung und die sexuelle Reife eines Erwachsenen hat.

Die Zirbeldrüse wirkt sich weiterhin auf die *innere Uhr* aus, die die Körperrhythmen bestimmt. Ein solcher Rhythmus, der einer wesentlichen Beeinflussung unterliegen kann, ist der Menstruationszyklus der Frau. Dieser Rhythmus geht mit einem leichten Anstieg der Körpertemperatur einher, der zeitlich mit der Vorbereitung der Gebärmutterschleimhaut auf das Empfangen des befruchteten Eis zusammenfällt.

Für den Schüler esoterischer Lehren ist besonders die Tatsache interessant, daß Rhythmen einen notwendigen Bestandteil für die Entfaltung esoterischer Disziplinen darstellen. Die Vorbereitung auf die esoterische Schülerschaft erfordert das Einprägen von Rhythmen. Äußerlich, vom orthodoxen oder *exoterischen* Blickpunkt aus betrachtet, interessieren uns hier die zirkadianen (Tages- und Nacht-)Rhythmen, die die Funktionen der Körperorgane dem Tag oder der Nacht zuordnen. In der Nacht verfallen einige Organe in einen Zustand des Halbschlafes, während andere, wie das parasympathische Nervensystem, angeregt werden und überaktiv sind. Die Zirbeldrüse beeinflußt unsere zirkadianen Rhythmen, die Anpassung an Nacht und Tag.

Die Zirbeldrüse kann auch die Nieren dahingehend beeinflussen, daß sie Salz zurückhalten, obwohl Salz von den Nieren normalerweise nahezu gänzlich ausgeschieden wird.

Dies sind einige der bekannten Auswirkungen der Zirbeldrüse auf den menschlichen Körper. Die esoterischen Lehren besagen, daß sie noch auf zahllose andere Weisen wirkt, die der Wissenschaft praktisch unbekannt sind. Eine dieser sogenannten *okkulten* oder verborgenen Wirkungen ist die, daß mittels der Stimulation der Zirbeldrüse durch Meditation die Flexibilität der Schädelnähte und der Schädeldecke erhalten bleibt.

DAS MITTLERE AUGE

Die Flexibilität der menschlichen Knochen läßt im Alter von einbis zweiundzwanzig Jahren nach, nicht jedoch die der Schädelknochen, die bis zum sechzigsten Lebensjahr oder länger eine gewisse Anpassungsfähigkeit bewahren. Man nimmt in den esoterischen Lehren an, daß die Schädelknochen ohne feste Verbindung und die Schädelnähte locker bleiben und daß dies die Formveränderung des Gehirns eines Schülers (oder eines spirituell fortgeschrittenen Menschen) ermöglicht. Tatsächlich, so heißt es in den esoterischen Lehren, wächst das Gehirngewebe unter dem Einfluß der Meditation weiter. Der Gehirninhalt verändert sich, und neue Bereiche kommen dazu, die für spirituelle oder subjektive Eindrücke außerordentlich aufnahmefähig sind. Dem Einfluß der Zirbeldrüse ist es zu danken, daß die Beweglichkeit der Schädelknochen erhalten bleibt, was Veränderungen der Gehirnform ermöglicht. Dies ist nur eine der vielen esoterischen Funktionen der Zirbeldrüse, die man in den nächsten Jahrhunderten entdecken wird.

Wir müssen jedoch tiefer in die okkulten Lehren über die Zirbeldrüse eindringen. Manche halten die Hirnanhangdrüse oder Hypophyse für das dritte Auge und sind davon überzeugt, daß sie in einer wichtigen Beziehung zum Organ der inneren Wahrnehmung steht. Das entspricht nur teilweise den Tatsachen, denn unter den physischen Organen, die eine Rolle bei der Aktivierung des dritten Auges spielen, fällt der Zirbeldrüse eine größere Bedeutung als der Hirnanhangdrüse zu. Zur weiteren Klärung dieser Fragen wollen wir uns nun zunächst dem Alter der Menschheit zuwenden.

Die esoterischen Lehren besagen, daß der Mensch weder physisch voll entwickelt noch daß das Wachstum seiner feinstofflicheren Ebenen abgeschlossen ist. Vom spirituellen Standpunkt aus ist der Mensch ein noch kaum geformter Embryo. Je weiter wir beim Menschen nach *innen* vordringen, seinen physischen Körper hinter uns lassen und uns seinen feinstofflicheren Bewußtseinshüllen zuwenden, desto embryohafter, ungeformter und spirituell abstoßender wird er. Er mag zwar auf der physischen Ebene ein recht symmetrisches Wesen sein, aber vom spirituellen Standpunkt aus ist er erst halb geformt.

Das Alter der Menschheit ist unermeßlich, auch wenn man nur ihre Evolution auf den Planeten unseres Sonnensystems betrachtet. Auf der nichtphysischen – auf einer engelhaften (um ein solches Wort zu benutzen) oder feinstofflicheren Ebene – besitzt der Mensch Äußerungsmöglichkeiten, die 4 oder 5 Billionen Jahre zurückreichen. Wir nehmen an, daß der physische Körper des Menschen 25 Millionen Jahre alt und das Produkt zweier ineinander übergehenden Entwicklungsströme ist. Die eine Entwicklung, der wir soeben das Alter von 4 oder 5 Billionen Jahren zugeschrieben haben, war vorwiegend mit dem Vorgang der Materialisierung befaßt, einem Vorgang, bei dem der Mensch zuerst einen Mentalkörper, dann einen Emotional- oder Astralkörper, dann einen ätherischen Körper und letztendlich einen physischen Körper entwickelte. Der andere Entwicklungsstrom – und Zwilling des soeben beschriebenen – entfaltete sich auf der Erde im Rahmen der anerkannten darwinistischen Gesetze über den Ursprung der Arten, das Überleben des Stärkeren, die natürliche Auswahl usw.

Damit meinen wir, daß der Mensch zwar sehr langsam, jedoch in vergleichsweise kurzen Zeiträumen (die die okkulten Begriffe von Runden und Ketten einbezieht) durch einen Vorgang der Entfaltung entstand. Zuerst gab es ein Mineralreich, auf dessen Oberfläche entstand das Pflanzenreich, dann durch Konzentration das Tierreich, und aus diesem schließlich entfaltete sich ein Strom von Hominiden, die ein anthropoides oder menschenähnliches Stadium und ein großes Gehirnvolumen entwickelt hatten.

Daraufhin wurden vor etwa 25 Millionen Jahren einige dieser Hominiden, deren Vorderhirn besonders entwickelt war, von den ätherischen Formen des älteren – sich materialisierenden –

DAS MITTLERE AUGE

Entwicklungsstromes übernommen. Anders gesagt: Einige dieser Hominiden wurden „überschattet" oder durchdrungen von den subtileren Formen dieses Entwicklungsstroms. Eine Reihe ihrer anatomischen Gebilde wie die Zirbeldrüse, die Hirnanhangdrüse, die Schädelhöhle, Gesichtsknochen und Schlüsselbeine wurden durch diese sie durchdringende Entwicklung immens verändert.

Somit ergibt sich die Auffassung einer ätherischen Entwicklung, die das grobkörperliche, hominide Gebilde übernahm, welches sich in einem kürzeren Zeitraum auf der Erde entwickelt hatte, und eine Verschmelzung der beiden. Unter diesem Einfluß veränderte sich die Zirbeldrüse, die wir als die körperliche Basis des dritten Auges ansehen, erheblich. Das Aufeinanderprallen der beiden Entwicklungsströme übte eine explosive Wirkung auf die Humanisierung der Affenformen aus. John E. Pfeiffer führt in seinem Buch *The Emergence Of Man* aus, dieser Faktor sei ernährungsbedingt gewesen. Die esoterischen Lehren hingegen verweisen auf den Faktor der *Übernahme*.

Die Schädelform der frühesten Menschen veränderte sich unglaublich stark, als die ätherischen Wesen von den spezialisierten Hominiden Besitz ergriffen (siehe Anhang 1). Da die Schädeldecke noch immer flexibel (noch nicht geschlossen, mit noch unverknöcherten Nähten) war, verlängerte sich die Schädelform. Sie wurde mehr oder weniger spitzköpfig, was bis zum heutigen Tage bei einigen primitiven Rassen wie den Bantu oder schwarzen Rassen Südafrikas beobachtet werden kann. Dieses Phänomen tritt auch bei Säuglingen auf, die durch einen engen Geburtskanal geboren wurden, wobei die Schädelknochen vorübergehend eine spitzköpfige Form annehmen.

Die frühesten Menschen hatten also einen solcherart geformten Schädel, und darin gab es ein Parietal- oder Scheitelauge. Dieses Auge entstand, weil sich die Schädelknochen nicht ganz schlossen. Dadurch bildete sich ein sogenanntes Parietalforamen oder

DAS DRITTE AUGE

eine Scheitellücke, nämlich die hintere Fontanelle, die man manchmal am Schädel eines Neugeborenen ertasten kann. Das vordere Foramen oder die vordere Fontanelle ist im Schädel eines Kindes vor der Schließung der Schädeldecke leicht erkennbar. Bei manchen jedoch bleibt die hintere Fontanelle teilweise geöffnet und verschließt sich erst später. Aus dieser hinteren Fontanelle ging das Parietal- oder Scheitelauge hervor und erfüllte seine Funktion bei den primitivsten Menschen der sogenannten dritten oder lemurischen Wurzelrasse – der ersten eigentlichen menschlichen Rasse auf unserem Planeten, deren Ursprung etwa achtzehn Millionen Jahre zurückliegt. Bei einigen Frühformen der dritten und vierten Unterrasse der lemurischen Wurzelrasse war das Scheitelauge bereits in Funktion.

Bei manchen der erwähnten primitiven Tierarten erfüllt die Zirbeldrüse die Funktion eines Doppelorgans. Das heißt, daß der pineale Teil zum Scheitelauge wird, die Zirbeldrüse jedoch an sich auch vorkommt. Das Scheitelauge befindet sich bei einigen dieser Tierarten am Ende des Parietalnervs, unmittelbar unter einer Verdünnung der Schädeldecke am Scheitel. Diese Verdünnung ist eine lichtdurchlässige Stelle im Schädel, und direkt darunter liegt das Scheitelauge als Teil des Zirbeldrüsenkomplexes. Die Zirbeldrüse an sich liegt etwas tiefer an der zuvor beschriebenen Stelle.

Das Scheitelauge diente als Sinnesorgan, das dem Empfinden von Wärme und nicht zum Sehen diente. In jenen Anfängen gab es Vulkane in Hülle und Fülle auf der Erdoberfläche. Daher war es für den primitiven Frühmenschen (den „überschatteten" Hominiden) überlebenswichtig, vor Hitze gewarnt zu werden. Dem theosophischen Hellseher C. W. Leadbeater und Annie Besant zufolge war das Scheitelauge ein Organ der Frühwarnung vor Vulkanhitze, das den primitiven Menschen davor bewahrte, sich gefährlichen Regionen der Erde zu nähern. Außerdem wirkte es zum Teil schon als Gesichtssinn. Wir sollten allerdings bedenken, daß dies eine Zeit der Feuernebel war, als die gesamte Erd-

DAS MITTLERE AUGE

oberfläche mit nebelartigen, heißen Dämpfen überzogen war, so daß Licht, wie wir es heute kennen, ein seltenes Phänomen für den Primitiven war.

Der Zirbeldrüsenkomplex erfüllte also eine duale Funktion, und das Scheitelauge war Teil dieser Dualität. Den zweiten Teil stellt die Epiphyse (Zirbeldrüse) selbst dar. Es liegt also ein duales Pinealgebilde vor: Einmal ein Scheitelauge in der hinteren Fontanelle der Schädeldecke, das durch den Parietalnerv mit dem Mittelhirn, welches das Ventrikel umschließt, verbunden war, und dann die Zirbeldrüse selbst tief im Schädelinneren zwischen dem Vorder- und Hinterhirn. Dieser Teil wurde zu einer endokrinen Drüse, während der Teil, der bis zum heutigen Tage sensible Pigmentzellen enthält, das Überbleibsel des Scheitelauges darstellt.

Dies sind also in Kurzform die alten Weisheitslehren über das Wesen der Zirbeldrüse.

Vergessen wir nicht, daß sich die Morphologie, Form und Funktion der ersten Menschen auf der Erde außerordentlich stark veränderten. Und noch größere Veränderungen stehen dem Menschen auf dem aufsteigenden Bogen seiner spirituellen Evolution in der Zukunft bevor. Einige Knochen des damaligen Skeletts waren Membranen (und sind es heute noch), im Unterschied zu knorpelartigen Knochen (wie etwa den langen Gliederknochen).

Zu den Membranknochen des Körpers zählen die beiden Schlüsselbeine, die man einst als *Schlüssel Salomons* bezeichnete. Es sind „heilige" Knochen, die wie die beiden Balken einer Swastika geformt sind. Gekreuzt bilden sie das alte Symbol des Hakenkreuzes, welches von Okkultisten bereits vor Tausenden von Jahren verwendet wurde, bevor die Nazis es seitenverkehrt als ihr Emblem benutzten. Die beiden Balken der Swastika haben die Form altertümlicher römischer Schlüssel und gleichzeitig die Form der menschlichen Schlüsselbeine.

DAS DRITTE AUGE

Der knorpelige menschliche Kiefer ist eigentlich tierischen Ursprungs. Man könnte sagen, er gehöre zur darwinistischen Entwicklungslinie. Das Gesicht des Menschen jedoch ist göttlich. Es verdankt seinen Ursprung einer Evolution, die weit, weit über die Frühgeschichte unseres eigenen Sonnensystems hinausreicht. Die Gesichtsknochen des Menschen sind aus Membranen geformt, wie übrigens auch der Schädel. Die wesentlichen Veränderungen in der zukünftigen Entwicklung des physischen Körpers werden sich in dem Teil des menschlichen Skeletts vollziehen, der aus Membranen besteht.

Der physische Körper des Menschen hat noch nicht seine endgültige Form erreicht, das heißt, die letzten Veränderungen sind noch nicht vollzogen. Der Psychologie zufolge hat dieser Prozeß vor 20 000 Jahren aufgehört. Wir verneinen das und sagen, der menschliche Körper werde sich immer wieder verändern. Beispielsweise werden seine unteren Gliedmaßen nach und nach ätherisch werden. Er wird sich immer mehr im Kopfbereich konzentrieren – doch das ist eine andere Geschichte.

Nun begreifen wir langsam, daß im Frühmenschen ein riesiges Potential für Veränderungen vorhanden war. Dieses Potential zeigte sich kontinuierlich von der dritten Unterrasse der dritten Wurzelrasse an. Der physische Körper des Menschen veränderte sich außerordentlich stark. Die Augen, die er vom Hominiden geerbt hatte, genügten dem von seiner inneren Entwicklung „überschatteten" Menschen nicht mehr. Ihnen stand ein gewaltiger Reifungsprozeß bevor; sie sollten eine neue Stellung im Schädel einnehmen, einen anderen Aufbau und eine stereoskopische Sicht sowie mehr Farbensehen entwickeln. Die Augen sollten sich nach vorne richten und auf vielerlei andere Arten verändern.

Parallel zur Entwicklung der nach vorne gerichteten Augen und des binokularen (zweiäugigen) Sehens bildete sich die Zirbeldrüse mit ihrem Scheitelauge zurück; sie verkümmerte. Das Scheitelauge zog sich aus der hinteren Fontanelle zurück. Diese

DAS DRITTE AUGE

schloß sich, das Scheitelauge kehrte in das Schädelinnere zurück, verband sich wieder mit der Zirbeldrüse und verlor seine Funktion in dem Maße, in dem die beiden anderen Augen leistungsfähiger wurden und deutlicher hervortraten. Somit erfolgten auch auf der physischen Ebene wesentliche Veränderungen in der Entwicklung des sogenannten dritten Auges oder der Zirbeldrüse.

Das dritte Auge – die Zirbeldrüse – wirkte auf andere endokrine Drüsen ein, insbesondere auf die Hypophyse (Hirnanhangdrüse). Gemeinsam mit der Hypophyse löste sie Veränderungen in der Anatomie des Menschen aus, die wir „Pleomorphismus" (Gestaltwechsel) nennen (mehr darüber in meinem Buch *Anthropogeny, Teil I*). So veränderte sich beispielsweise die menschliche Haut in jenen Urzeiten. Jede Rasse brachte eine andere Hautfarbe hervor: Es gab blaue, rote und gelbe Menschen. Es ergab sich eine Vielfalt von Hautveränderungen, nicht nur was die Farbe, sondern ebenso was die Dicke der Haut betraf.

Die Erdoberfläche in den Tropen war von Insektenschwärmen übersät, und die Haut des Menschen war sehr, sehr dünn – Veränderungen waren demnach notwendig. Ein Fluch, einer der größten, der auf dem Frühmenschen lastete, bestand darin, daß er dieser Insektenplage praktisch schutzlos ausgeliefert war. Dies war einer der Gründe für seine Flucht in nördliche Gebiete der Erde, wo er vor den Insektenschwärmen in Sicherheit war, bis seine Haut sehr viel später dicker geworden war und er das heute bekannte Hautorgansystem mit Lederhaut und Unterhaut entwickelt hatte.

Dennoch muß man sagen, daß die Zirbeldrüse mit all ihrem parietalen Zubehör nicht das metaphysische dritte Auge ist. Was ist dann das dritte Auge der Metaphysik?

5

DIE FEINSTOFFLICHEN KÖRPER

Wir müssen verstehen, daß der physische Körper des Menschen nur der äußere Ausdruck all seiner verschiedenen Körper und Hüllen ist. So ist sein physischer Körper beispielsweise von einem ätherischen Körper durchdrungen. Dieser wird als ein vitalisierender (belebender) Körper beschrieben, denn allein mit seinem physischen Körper aus Gas, Flüssigkeit und festen Stoffen kann der Mensch gar nichts tun. Er braucht auch den ätherischen, äußerst feinstofflichen (subtilen) Körper, der den physischen durchdringt und aktiviert.

Stellen wir uns die verschiedenen Aggregatzustände der Materie vor: Erde kann von Wasser und Wasser von Gasen durchdrungen sein, wobei in einer Handvoll Erde die drei Aggregatzustände gasförmig, flüssig und fest einander durchdringen. Ebenso besitzt auch der Mensch feinstoffliche Körper oder Hüllen, die einander durchdringen. Sein gasförmiger, flüssiger und fester physischer Körper wird vom Ätherkörper durchdrungen, der ihn mit einer Energie versorgt, die Yogis Prana nennen.

Außerdem besitzt der Mensch einen fühlenden Körper, der aus emotionaler Substanz besteht und den wir Astralkörper nennen. Dieser Astralkörper durchdringt den physischen und ätherischen Körper im Wachzustand. Im Schlaf oder in bestimmten Zuständen während der Meditation und Yogaübung löst sich der Astralkörper vom physischen Körper. Dieses Phänomen, bei dem man das Bewußtsein in einem sich ablösenden Astralkörper beibehält, habe ich in meinem Buch *Die astrale Projektion* beschrieben.

Darüber hinaus besitzt der Mensch einen weiteren zusätzlichen Körper, mit dem er denkt, doch dieser Körper ist noch unvollständig. Er besteht aus einem niederen Teil, der das Gegenstück zum festen, flüssigen und gasförmigen Körper bildet und den wir den niederen Mentalkörper nennen. Es ist dieser Teil des Mentalkörpers, mit dem der Mensch denkt. Auch dieser Körper durchdringt die übrigen Körper, wie Flüssigkeit von Gasen und Feststoffe von Flüssigkeit durchdrungen werden.

Aus diesen eben beschriebenen Körpern oder Hüllen besteht der sogenannte Persönlichkeitskörper des Menschen, der Körper, in dem sich seine Seele als Persönlichkeit ausdrückt. Es gibt noch höhere Hüllen, und zwar im Bereich der Seele; sie sind Teil einer Energieeinheit, die wir die Seele nennen.

Die Seele selbst existiert auf drei Ausdrucksebenen – Atma, Buddhi und Manas genannt. Die meisten Menschen sind sich jedoch ihrer Seele oder ihres spirituellen Wesens nicht bewußt. Sie sind nur durch einen dünnen Faden, *Antakarana* genannt, mit ihrer Seele verbunden. Die spirituelle Entwicklung ist ein Vorgang, bei dem dieser dünne Faden – oder die Regenbogenbrücke, wie er symbolisch auch genannt wird – gestärkt, erweitert und zu einer wahren Nabelschnur vergrößert wird, die die Persönlichkeit mit spirituellen Energien speist. Dazu ist der Prozeß der spirituellen Entfaltung erforderlich.

Wenden wir uns wieder dem nächsten feinstofflichen Körper, dem Ätherkörper, zu, dann stellen wir fest, daß dieser in verschiedene Bereiche unterteilt ist, die wir seine ätherische Anatomie nennen könnten. In dieser befinden sich Leitbahnen, die man *Nadis* nennt. Es gibt drei große Leitbahnen, die mit der Wirbelsäule

DIE FEINSTOFFLICHEN KÖRPER

und dem menschlichen Gehirn zusammenfallen. Die Hindus nennen sie *Ida, Sushumna* und *Pingala*. Eine symbolische Darstellung davon ist der Merkurstab. Sie enden in jener oberen Verdickung des Merkurstabes, die dem menschlichen Großhirn entspricht, in dessen Mitte die Zirbeldrüse oder das physische Gegenstück des dritten Auges liegt.

Wir sehen also, daß der Mensch eine Hülle besitzt, die ihn mit Energie versorgt und Ätherkörper genannt wird. Zu seiner ätherischen Anatomie gehören ätherische Zentren oder „Wirbel", die wir als Chakras kennen. Die Anzahl der Chakras im durchschnittlich entwickelten Menschen unserer Zeit beträgt etwa fünf. Aber bei den ersten primitiven Urmenschen waren es etwa drei, wobei das anatomisch tiefstliegende mit dem Kreuzbein zusammenfiel – jenem Knochen, der aus fünf zusammengewachsenen Rückenwirbeln am unteren Ende der Wirbelsäule besteht. In Urzeiten waren diese fünf Rückenwirbel mit einem Schwanz, dem heutigen Steißbein, verbunden. Der Verlust dieses Schwanzes, der in der primitiven Frühgeschichte der dualen Evolution des Menschen noch funktionstüchtig war, ist eine der genannten Veränderungen im Körperbau der Hominiden.

Das Chakra am unteren Ende der Wirbelsäule liegt in der Kreuzbeingegend des ätherischen Körpers. Dieses Chakra, das Zentrum an der Basis der Wirbelsäule, wird durch eine vierblättrige Lotusblüte dargestellt und ist ein Ort, wo große Pranamengen in die Hüllen und Körper des Menschen aufgenommen werden. Durch das spirituelle Wachstum und die spirituelle Entwicklung aufeinanderfolgender Unter- und Wurzelrassen und Zeitenkreise wird die Feuerenergie in diesem Chakra geweckt. Nun beginnt sie, nach oben zu steigen, und öffnet nacheinander die über ihr liegenden Chakras oder Energiezentren.

Mit der Erweckung dieses Chakras durch die Wechselwirkung des Menschen mit seiner Umwelt und das Einbringen der Mental-

DAS DRITTE AUGE

und Emotionalhülle seiner höheren Entwicklungslinie wurde die Trennung in zwei Geschlechter bei der oben beschriebenen lemurischen Rasse angeregt. In den frühen Wurzelrassen war der Mensch zuerst einmal asexuell. Danach entwickelte er sich bisexuell, mit anderen Worten, es entstand ein Paar einander ergänzender Sexualorgane. Später, durch die Entwicklung des zweiten Chakras oder Sakralzentrums, einer sechsblättrigen Lotusblüte, teilten sich diese Organe in zwei mit je einer männlichen und weiblichen Prägung. Das Umfeld und die Eigenschaften der lemurischen Wurzelrasse ermöglichten die Entfaltung des Sakralzentrums.

Noch später, etwa vor 5 bis 7 Millionen Jahren, machte sich ein weiteres Chakra auf einer höheren Ebene bemerkbar, und zwar in der Gegend des Nabels – der sogenannte *Solarplexus* oder das Sonnengeflecht. Durch das Zusammenfügen der astralen Hülle aus der niederen Evolutionslinie des Menschen mit dem ätherischen Körper wurde diese astrale Hülle weiter ausgebildet und spezialisiert, und dadurch fing der Solarplexus an zu leuchten. Äußerlich gesehen wurde dies durch die Zivilisation von Atlantis möglich. Atlantis lieferte den emotionalen Anreiz, um den Menschen in ein fühlendes Wesen zu verwandeln – davor war er beinahe ein Automat gewesen.

Mit dem emotionalen Wachstum verstärkte sich auch der spirituelle Impuls, und nun stieg das Feuer von der Basis der Wirbelsäule durch das Sakralzentrum nach oben, und während der atlantischen Zivilisation (die sich auf der Erde noch immer ausgeprägt bei der chinesisch-japanischen Wurzelrasse zeigt) erreichte es im Solarplexus-Chakra seine größte Strahlkraft.

Nun steigt das Feuer immer höher, über das Zwerchfell hinaus, einer Muskelhülle, die aus esoterischer Sicht auch im Ätherkörper eine wichtige Unterteilung anzeigt. Der Mensch beginnt nun sein Herzchakra – in der Herzgegend, jedoch an zentralerer Stelle als das Herz – zu aktivieren. Außerdem fängt er während der

DIE FEINSTOFFLICHEN KÖRPER

sogenannten arischen[1] Zivilisation (der fünften Wurzelrasse) an, das sechzehnblättrige Kehlchakra oder Kehlzentrum zu öffnen.

Bei den meisten Menschen liegt ein weiteres Chakra in der Stirngegend, und zwar im „heiligen Raum" zwischen den Augenbrauen. Bei spirituell hochstehenden Menschen ist auch dieses Chakra gut entwickelt. Dieses Brauenzentrum heißt bei den Hindus Ajna-Chakra.

Schließlich gelangt der Mensch bei seiner Entfaltung zum sogenannten Kopfzentrum. Dieses kann bei spirituell Fortgeschrittenen derart strahlen, daß es einen „Heiligenschein" um den Kopf der Betreffenden erzeugt, wie es bei hochentwickelten Menschen auf dieser Erde der Fall war. Um den Kopf des Buddha, der eigentlich nicht diesem vierten, sondern dem sechsten Zeitenkreis angehörte, war ein solcher Heiligenschein zu sehen, und ebenso um den Kopf des Meisters Jesus. Der Heiligenschein, sagt man, tritt auch bei anderen Heiligen auf.

Nun verstehen wir langsam, daß die spirituelle Entfaltung aus esoterischer Sicht keine nebulöse Angelegenheit ist. Vielmehr ist es ein Vorgang, bei dem absichtsvoll und durch Konzentration Energien aus Chakras unterhalb des Zwerchfells in Bereiche über diesem gelenkt werden. Den großen Weisheitslehren des Yoga zufolge, die allerdings in jüngster Zeit häufig mißbraucht wurden, können Energien mit entsprechender Anleitung aus den jeweiligen Zentren unter dem Zwerchfell in ihre Entsprechungen darüber gelenkt werden, um die spirituelle Entfaltung zu beschleunigen.

Der Begriff *spirituelle Evolution* bedeutet demnach die Übertragung von Energie aus dem Chakra an der Basis der Wirbelsäule zum Kopfzentrum, vom Sakralzentrum zum Kehlkopf-

---

1) Die sogenannte »arische Rasse« ist ein Begriff, der bereits fünfzig Jahre, bevor die Nazis sich ihn für die Bezeichnung einer Superrasse nach nordischen Vorstellungen aneigneten, bekannt war.

DAS DRITTE AUGE

Chakra und vom Solarplexus zum Herzzentrum. In diesem Prozeß der rasch voranschreitenden spirituellen Entwicklung, die mit der Schülerschaft beginnt und am Ende zur Initiation führt, der Transmutation des Menschen aus den Schlacken der Persönlichkeit in das leuchtende Gold des Eingeweihten oder Meisters, die als alchemistischer Prozeß bezeichnet wird, werden die Hauptenergien der verschiedenen Chakras in den Kopfbereich verlegt. Die Konzentrierung dieser Energien im Kopf führt rasch zur Öffnung des dritten Auges.

Die ätherischen Chakras wurzeln, wie in der Abbildung dargestellt, in der Wirbelsäule, und dazwischen befinden sich rotierende ätherische Scheiben. Beachten Sie, wie die Anzahl der Blütenblätter jedes Energiezentrums der Wirbelsäule entlang nach oben zunimmt, dessen ätherisches Gegenstück der dreibahnige Trakt der Nadis Ida, Sushumna und Pingala ist. Obwohl der Pfad der Entfaltung dieser Chakras viele Erfahrungen beinhaltet, kann der Fortschritt eigentlich nur in diesen drei Bahnen tatsächlich verfolgt oder hellseherisch wahrgenommen werden.

Kein Schüler kann einen unmittelbaren Kontakt mit einem Meister der Weisheitslehren erwarten – ein in Schulen der esoterischen Weisheitslehren hochbegehrtes Erlebnis –, bevor er nicht völlig aus eigener Kraft die Energie aus dem vierblättrigen Lotus an der Basis der Wirbelsäule in den zehnblättrigen Lotus am Solarplexus unmittelbar unter dem Zwerchfell angehoben hat. Im Anschluß daran kann der Schüler mit zunehmendem Einsatz an Zeit und Energie den wahren Pfad der Schülerschaft betreten, der das Anheben der Energie vom zehnblättrigen zum zwölfblättrigen Lotus in der Herzgegend erfordert. Erst wenn dieser Prozeß schon weit vorangeschritten ist, beginnt seine eigentliche Probezeit als Schüler, die ihn berechtigt, mit dem Meister in Kontakt zu treten. Doch kann es sein, daß dieser Kontakt

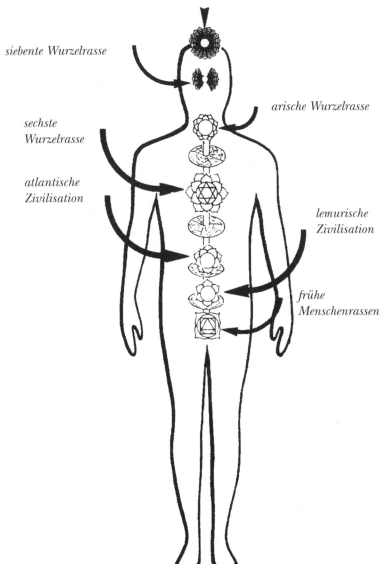

ENTSPRECHUNGEN ZWISCHEN DEN CHAKRAS UND DEN WURZELRASSEN

DAS DRITTE AUGE

erst dann vom Schüler bewußt wahrgenommen wird, wenn seine Energie in den heiligen Raum zwischen den Augenbrauen (das Ajna-Chakra) zu fließen beginnt. Damit endet seine Probezeit, und er wird in den Kreis der anerkannten *Chelas* (Schüler) aufgenommen, um dem Meister bei seinen planetarischen Aufgaben im Dienste der Menschheit zu helfen.

Daher ist das dritte Auge, obgleich es eine physische Entsprechung dazu gibt, im Grunde genommen ein Gebilde in den feinstofflichen Körpern des Menschen. Um das näher auszuführen, sollten wir uns einmal die endokrinen Drüsen näher ansehen.

Der Durchschnittsmensch hat fünf auf den unteren Ebenen aktivierte Chakras. Beim spirituellen Menschen sind fünf Chakras auf den höheren Ebenen aktiviert, und beim Meister sind es schließlich sieben, einschließlich all derer in den höheren Bereichen und der zusätzlichen Chakras, die sich in den späteren Stadien der Entfaltung öffnen.

Die endokrinen Drüsen stellen immer den materiellen Aspekt der ätherischen Chakras dar. Sie sind die Verdichtung oder, wenn man will, das konkretisierte physische Gegenstück der feinstofflichen Energiewirbel, die wir Chakras nennen. Aus der folgenden Gegenüberstellung ersehen Sie die Beziehung zwischen den Chakras und den endokrinen Drüsen:

Die Nebennieren über den Nieren entsprechen dem Chakra an der Basis der Wirbelsäule (Wurzelzentrum).

Die Gonaden oder Keimdrüsen (Eierstöcke bei der Frau, Hoden beim Mann) entsprechen dem Sakral- oder Kreuzbeinzentrum.

Die Bauchspeicheldrüse (Pankreas) entspricht dem Solarplexus-Chakra.

Die Thymusdrüse entspricht dem Herz-Chakra.

DAS DRITTE AUGE

Die Schilddrüse entspricht dem Kehlkopf-Chakra; hier begeben wir uns in den Bereich des dritten Auges.

Die Hypophyse (Hirnanhangdrüse), die bei den früheren Rassen Riesen entstehen ließ, entspricht dem Brauen- oder Ajna-Chakra.

Die Zirbeldrüse entspricht dem Kopfzentrum oder dem tausendblättrigen Lotus.

Wie angeführt, entsprechen die vorwiegend emotionalen Qualitäten des Solarplexus der Bauchspeicheldrüse. Wie es bei allen endokrinen Drüsen der Fall ist, sondert die Bauchspeicheldrüse ihr Hormon (das *Insulin*) direkt in das Blut ab, was den Körper zum Zuckerverbrauch mobilisiert. Es ist kein bloßer Zufall, daß die Gefühlsenergie des Astralkörpers dem Blutzucker entspricht; die beiden hängen eng zusammen. Emotional veranlagte Menschen, die ihre Gefühle frei äußern, setzen häufig sehr leicht Zucker frei, wenn sie nicht sogar zuviel davon mobilisieren. Somit hängen Störungen der endokrinen Funktionen, z. B. hier Diabetes, mit psychischen Faktoren zusammen.

Die Thymusdrüse produziert unter anderem ein lymphartiges Gewebe, das seinerseits über die weißen Blutkörperchen (Lymphkörperchen) Antikörper erzeugt, deren Aufgabe es ist, das Eindringen von Fremdkörpern wie Bakterien, Viren, aber auch von transplantierten Organen abzuwehren. Ähnlich ist das Herzzentrum, ein Chakra, das die sechste Wurzelrasse (in einer Million Jahren) öffnen wird, hauptsächlich mit der Unterscheidung zwischen Selbst und Nichtselbst befaßt; auf der körperlichen Ebene geschieht dies durch die Immunreaktionen der Thymusdrüse.

Wir verstehen nun, daß das spirituelle Wachstum erst dann voll und ganz in Gang kommt, wenn die obersten Chakras, nämlich das Herzzentrum, das Brauen-Chakra und das Kehlkopf-Chakra

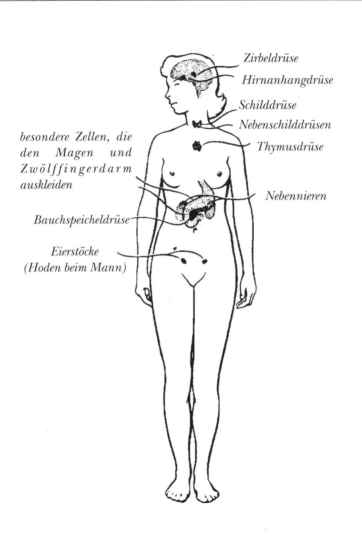

HORMONABSONDERNDE ORGANE

DAS DRITTE AUGE

geöffnet sind. Was ist dann das dritte Auge? Das dritte Auge tritt zutage, wenn diese drei Zentren erstens anfangen zu strahlen – wobei der Prozeß simultan stattfinden muß, das heißt, alle drei müssen gleichzeitig geöffnet werden und anfangen zu strahlen – und zweitens, wenn sie sich gegenseitig überschneiden. Wenn sich ihre Strahlung überschneidet, entsteht das dritte Auge aus der Verschmelzung der drei Zentren als ein feinstoffliches Gebilde, ein Dreieck von esoterischer und spiritueller Bedeutung. Bei dieser Verschmelzung bildet sich durch die Wechselwirkung der drei Zentren ein gewaltiger Energiewirbel, aus dem das dritte Auge hervorgeht.

Folglich ist das dritte Auge ein Organ innerer Schau, ein Organ, das im ätherischen, astralen, mentalen und spirituellen Körper wirksam wird. Es entsteht, wie gesagt, aus dem Wechselspiel zwischen den drei Kopfzentren. Ihre Zusammenarbeit und Wechselwirkung stehen, wie bereits angeführt, im Brennpunkt der Aufmerksamkeit für die esoterische Schülerschaft und die esoterischen Übungen.

Man kann den Menschen mit einer Kerze vergleichen, deren unteres Ende mit dem Wurzelzentrum, dem Muladhara-Chakra, in der Erde verankert ist, und deren höchster Punkt sich im Gehirn an der Stelle der Zirbeldrüse befindet. Eine andere Analogie wäre die eines Baumes, dessen Wurzelwerk im Muladhara-Chakra verankert ist und dessen höchste Blüte sich im Sahasrara-Chakra auf dem Scheitelpunkt des Kopfes befindet:

> *Der Mensch ist ein Kind der Erde am unteren Ende,*
> *und ein Kind Gottes am oberen.*[2]

Eine wichtige Übung, die bei Neophyten besonders beliebt ist, besteht darin, das Licht einer Kerze zu betrachten und es sich

---

2) Siehe Seite 96.

danach im heiligen Raum zwischen den Augenbrauen als Symbol für das höhere Selbst vorzustellen.

Man muß verstehen, daß diese drei Kopfzentren die fortgeschrittenen Stationen der Seele sind – daß sich im Zentrum dieser drei Kopfzentren ein leuchtender Funke, eine Glut befindet, die im Orient als *Juwel in der Lotusblüte* bezeichnet wird. In jedem Kopfzentrum ist ein leuchtender Funke, eine Glut, die durch die spirituelle Entfaltung zu einem leuchtenden Feuer wird. Alle drei strahlenden Feuer überschneiden einander und erzeugen damit einen Energiewirbel, der als Element des dritten Auges gilt.

Wenn die Seele beginnt, sich im menschlichen Wesen im Kern oder im zentralen Punkt dieser drei Chakras zu verankern, ist auch der Zeitpunkt gekommen, zu dem das Antakarana, die Regenbogenbrücke, rasch funktionstüchtig wird. Anstatt etwa fünf Prozent der Seelenenergie in die Persönlichkeit zu leiten, wird diese Rate nun so stark erhöht, daß die Seelenenergie in einer wahren Flut in die Persönlichkeit einfließt.

Vergessen wir nicht, daß sich die Chakras auf der ätherischen Ebene befinden, jedoch ebenso auf der astralen und mentalen Ebene Entsprechungen haben. Der kombinierte Einfluß all dieser einander entsprechenden Chakras, ihr Wechselspiel und die Umwandlung der Energien von den mentalen zu den astralen, von den astralen zu den ätherischen Chakras mit ihren Nadis und ätherischen Leitbahnen erzeugt die sogenannte magnetische Aura. Die Aura ist in der Tat ein magnetisches Phänomen.

Bei der Abwärtsbewegung des zentralen Feuers der Monade – eines göttlichen Funkens – in die verschiedenen oben beschriebenen Körper erzeugt die spiralförmige, zyklische und rotierende Bewegung dieses Feuers magnetische Kräfte, und das nicht nur auf der physischen, sondern auch auf der mentalen und emotionalen Ebene, so daß also spiritueller, mentaler und

INTEGRIERTE KOPFZENTREN

emotionaler Magnetismus daraus entstehen. Diese Kräfte spielen eine große Rolle in den Bereichen des Lehrens und Heilens. Lehren ist Verführung auf der mentalen und emotionalen Ebene durch eine Art Magnetismus. Heilen ist ein Aspekt des Magnetismus, der sich durch die spiralförmige Bewegung des Feuers tief im Innern der feinstofflichen Körper vollzieht.

Das Alter ist kein Hindernis für die kreativen Kanäle, die das Feuer der Kundalini vom Zentrum an der Basis der Wirbelsäule in den Kopf leiten – vorausgesetzt, die Schülerschaft wird vor der Lebensmitte angetreten. Kundalini ist eine sprudelnde Quelle, die sich im Bereich des Kopfes durch drei glorreiche Eigenschaften ausdrückt, indem sie die Kreativität des Schülers hinsichtlich Wahrheit, Schönheit und Güte bis ins hohe Alter erhält. Wenn die drei Zentren im Kopf gefestigt sind und in Wechselwirkung miteinander stehen, bilden sie schließlich einen einheitlichen spirituellen Feuerball, der die Sonnendeva beherbergt.

In der Abbildung ist dies dargestellt: Hier hat ein fortgeschrittener Eingeweihter seine spirituellen Feuer im Kopf konzentriert. Jedes der drei Kopf-Chakras rotiert auf einer Ebene im rechten Winkel zu den übrigen, und so entsteht eine Kugel aus sich einander durchdringenden Scheiben mit großer Strahlkraft. Der Eingeweihte übt Dharana (anhaltende Konzentration), deshalb oszilliert das Brauenzentrum zwischen zwei Ebenen (einer Ekliptik), während die anderen beiden Kopfzentren, denen nicht dieselbe Aufmerksamkeit zuteil wird, stabiler sind.

Teil III

DIE ENERGIE FOLGT DEM GEDANKEN

6

DAS DRITTE AUGE IN DER SYMBOLIK

Aus alten Symbolen kann man einiges über das dritte Auge und seine Wirkungsweise lernen. Ein solches Symbol war eine Schlange in Angriffsstellung. Als *Uräusschlange* war sie ein der ägyptischen Königsfamilie vorbehaltenes Symbol. Sie wurde in dieser Haltung auf der Kopfbedeckung der ägyptischen Pharaonen dargestellt, die stets in die Geheimlehren eingeweiht waren, was natürlich das notwendige Wissen um die Öffnung des dritten Auges beinhaltete.

Mit dem hypnotischen Blick ihrer auf das Opfer gerichteten Augen läßt die Schlange dieses vor dem Angriff erstarren. Aus dieser Andeutung kann man ableiten, daß Fokussieren eines der Dinge ist, die zur Entfaltung des dritten Auges erforderlich sind. Natürlich ist uns bekannt, daß das Fokussieren zur Aktivierung der zweiblättrigen Lotusblüte oder des zwischen den Augenbrauen im heiligen Raum liegenden Chakras dient, das man im Osten Ajna-Chakra nennt. In der Tat können sich keine nennenswerten Kräfte ohne die Funktionsfähigkeit des Ajna-Chakras manifestieren. Seine Erweckung zu einer strahlend goldenen Sonne führt die göttliche Alchemie herbei.

Leider ist es oft „angekränkelt von des Gedankens Blässe" (Hamlet). Der Nirmanakaya, der sich einst als Plato verkörperte und der später durch John Richardson (den Zeitgenossen William Shakespeares) wirkte, bezieht sich im Sonett XXXIII auf das Ajna-

DAS DRITTE AUGE

Chakra.[1] Er vergleicht das Strahlen des erweckten Brauenzentrums mit der Morgensonne, und die alltäglichen Gedanken (Sorgen, Unzufriedenheit, Ablenkungen usw.) mit den Wolken, die sie verdecken, und er schließt mit dem Hinweis auf eine Stunde der Meditation:

> *Stolz ging schon oft der junge Morgen auf,*
> *Mit Herrscherblick die Bergeszinnen grüßend,*
> *Vergoldend hell der blassen Ströme Lauf*
> *Und Flammenkuß auf grüne Fluren gießend,*
> *Doch bald beziehn sein Himmelsangesicht*
> *Die niedern Wolken, die sich häßlich ballen,*
> *Verdeckt ist der verlornen Welt sein Licht,*
> *In Schmach verhüllt muß er zum Westen wallen.*
> *So sandte glorreich meiner Sonne Schein*
> *Auf meine Stirne ihre Morgenstrahlen,*
> *Doch ach, sie war nur eine Stunde mein,*
> *Bis Wolken mir den frohen Anblick stahlen!*
> *Ich zürne nicht, denn wenn das Himmelslicht*
> *Erlöschen kann, währt das der Erde nicht.*[2]

In den römischen Mysterien wurde der Gott Bacchus als Kind dargestellt, das in jeder Hand ein Spielzeug hält: in der einen Hand einen Kiefernzapfen, in der anderen einen Spiegel. Der Kiefernzapfen stellt die Zirbeldrüse dar, die Madame Blavatsky mit dem dritten Auge in Beziehung setzte (obwohl sie sagte, sie sei nicht das eigentliche dritte Auge). Der Spiegel ist ein Symbol der inneren Welten, wie etwa der Astralwelt, in die wir blicken, wenn das dritte Auge geöffnet ist.

Auch der geflügelte Merkurstab ist ein Symbol für die Zirbeldrüse. Merkur ist der Götterbote und sein geflügelter Stab zeigt den Flug des Bewußtseins an, den der Mensch im überbewußten Zu-

---

1) Siehe Baker, Douglas: *Shakespeare, The True Authorship.*
2) Shakespeare, William: *Werke, Band 11,* Bong, München, o.J., S. 214.

stand erfährt, in dem er der Kommunikation mit den Göttern fähig wird. Wenn Madame Blavatsky recht hatte, so bildete die Zirbeldrüse einst das Ende eines Stammes, an dem sie aus der hinteren Fontanelle herausragte, oder aber sie lag tief im Inneren des Gehirns, und ihr Auswuchs, das Scheitelauge, befand sich in der hinteren Fontanelle (siehe Abbildung S. 41). Merkur hat überdies geflügelte Schuhe und einen geflügelten Helm, Zeichen spirituellen Durchhaltevermögens, welche Eigenschaft eine Voraussetzung für die Öffnung des dritten Auges ist.

Wenn wir der Symbolik des dritten Auges in der englischen Mystik nachgehen, stoßen wir auf die Suche nach dem heiligen Gral, einem legendären Kelch, der das Gegenstück zu der in der Bibel erwähnten „schimmernden Schale" zu sein scheint. Schale wie Gral deuten auf die vom dritten Auge eingenommene Stelle hin, das göttliche Gefäß für das spirituelle Feuer. „Mein Kelch fließet über" bezieht sich auf einen Zustand der Gnade, in dem das spirituelle Feuer sich aus diesem hoch oben in der „menschlichen Pyramide" gelegenen Bereich in die Aura ergießt.

DAS DRITTE AUGE

Das Einhorn ist ein weißes Pferd, ein Symbol für die Seele, und sein mittleres Horn ist ein Symbol für das geöffnete dritte Auge. Die Spiralform des Horns sagt uns, daß das dritte Auge erst dann vollständig aktiviert ist, wenn das Bewußtsein sich spiralförmig auf einen Brennpunkt konzentriert.

Der Löwe, der dem Einhorn einen Kampf auf Leben und Tod liefert, symbolisiert die menschliche Persönlichkeit; es ist das Ringen des Durchschnittsmenschen um den Lohn des Bewußtseins. Auf dem königlichen Wappen Großbritanniens kämpfen die beiden offenbar um die Krone, Symbol des menschlichen Bewußtseins. Wie es in einem alten Reim heißt:

Der Löwe und das Einhorn kämpften um die Krone.
Der Löwe trieb das Einhorn rund um die Stadt.

Das ist so zutreffend auf den Menschen in der heutigen Zeit. Seine Persönlichkeit beherrscht ständig sein Bewußtsein, und die Stimme des Einhorns wird kaum gehört.

Allerdings gibt es die esoterische Fassung eines anderen Verses, die besagt, daß das Herz des Löwen in einem weiteren Kampf vom Horn des Einhorns durchbohrt wird – ein Hinweis auf den letztendlichen Sieg des Bewußtseins in der Seele des spirituell erwachten Schülers. Außerdem verweist sie darauf, daß mit der Öffnung des Ajna-Chakras die Energie aus dem Herzzentrum in dieses fließt. Mythologisch ausgedrückt, richtet sich das Horn des Einhorns (Ajna) auf einen Punkt, durchbohrt das Herz-Chakra und verursacht damit das Überfließen der Herzenergie in das Ajna-Chakra oder höhere Ego.

Das Herz-Chakra ist der Vorposten des zweiten Strahls der Liebe und Weisheit, des Lehrens und Heilens. Dies ist auch der Strahl des Magnetismus und daher insbesondere der magnetischen Aura.

Alle spirituell veranlagten Menschen, zumal diejenigen mit einer Seele des zweiten Strahls, sollten die Fähigkeiten des Lehrens

DAS DRITTE AUGE IN DER SYMBOLIK

und Heilens besitzen. Diese Seelen – höhere Triaden oder Körper von Atma, Buddhi und Manas – schwingen mit dem Strahl der Liebe und Weisheit mit. Ein weiteres magnetisches Phänomen ist das des esoterischen Heilens, das wiederum mit der Aura und der Fähigkeit in Beziehung steht, diese ganz spezifisch von Chakra zu Chakra zu übertragen. Der esoterische Heiler besitzt die Fähigkeit, seine aurischen Eigenschaften, speziell diejenigen seines Herzzentrums, in das Herzzentrum des Patienten zu übertragen.

DAS DRITTE AUGE

Der Schmetterling wird häufig als Symbol sowohl für die Seele als auch für das dritte Auge verwendet. Das griechische Wort *psyche* heißt sowohl Seele als auch Schmetterling. Der Versuch, einen Schmetterling mit den Händen zu fangen, entspricht in etwa dem Versuch, das zwischen den Brauen liegende Organ der inneren Schau zu stabilisieren.

Diese Betrachtung der mythologischen Symbole liefert demnach eine ganze Reihe von Informationen über die Art und Weise der Entfaltung des Organs der inneren Schau. Es gibt auch viele Deutungen der heiligen Dreifaltigkeit, und eine unter ihnen (wie der Leser bald bemerken wird) bezieht sich auf die Integration der drei Kopf-Chakras als Voraussetzung für die Öffnung des dritten Auges.

7

DIE WIEDEREINSETZUNG DES DECKSTEINS

Die menschliche Pyramide ist unvollständig – es fehlt ihr der Deckstein. Im Altertum stand der Deckstein im Brennpunkt der Aufmerksamkeit aller Pyramidenbesucher. Tatsächlich war der Deckstein der Cheopspyramide einst aus Metall. Ein großes Erdbeben, das einige Steinbalken in den inneren Tempelräumen zertrümmerte, brachte auch den Deckstein aus seiner Stellung an der Spitze ins Rutschen, und er wurde nie wieder eingesetzt.

Auch der Mensch hat gewissermaßen seine Herrlichkeit verloren. Die volle Funktionsfähigkeit seiner Seele und ihrer Ausdrucksorgane ging schon vor vielen Jahrmillionen verloren. Seine heutigen Mängel hinsichtlich seiner spirituellen Funktionen lassen sich wie folgt beschreiben:

A. Der Mentalkörper des Menschen ist unvollständig. Unter gewöhnlichen Umständen ist er allerdings in der Lage, jede Aufgabe zu meistern, die ihm gestellt wird. Er versteht sich im linearen Denken, ist bemerkenswert anpassungsfähig und fähig, einen hervorragenden Intellekt zu entwickeln. Dennoch kann er nicht mit der Energie des höheren Manas umgehen, das sich in einem spirituell hochstehenden Menschen als abstraktes Denken ausdrückt.

Der Mensch muß lernen, in Kategorien zu denken. Er muß lernen, die Manasenergie in seinen Mentalkörper herabzuziehen, damit sie ihm immer mehr zur Verfügung steht. Sein größtes Problem ist, daß sein Geist die unablässige Gedankenflut nicht auf Kommando ausschalten kann. Die Gedanken werden ihrerseits von den Sinnen angetrieben. Von dem Moment an, an dem er morgens erwacht und sich seiner geschlossenen Augenlider bewußt wird, wird sein Bewußtsein von einer Gedankenwelle nach der anderen überflutet, und das seit seiner Kindheit. Im normalen Tageslauf des Durchschnittsmenschen wird nicht einen Moment lang der ernsthafte Versuch unternommen, diesem Denkfluß Einhalt zu gebieten.

Das niedere mentale Wesen ist ein Gebilde aus elementaren Stoffen, das dahingehend gefördert wurde, unabhängig vom Willen und dem eigentlichen Besitzer dieses mentalen Wesens zu funktionieren. Wie gerne sagen wir: „Mein Körper ist erschöpft, mein Geist ist müde" und vergessen dabei, wer der Eigentümer des Geistes und des Körpers ist. Der Mensch wird von seinen Gedanken eingegrenzt. Jeden Tag seines Lebens befindet er sich in einem Gefängnis. Es gibt kaum einen Zeitpunkt, an dem die höhere Triade oder das höhere Selbst in der Lage ist, den Bannkreis der Gedanken zu durchbrechen, um das eingekerkerte Ego zu erreichen.

Madame Blavatsky sagte vom Verstand, er sei der „Mörder des Wirklichen", und damit meinte sie, daß der Mensch sein höheres Selbst ständig umbringe, wie auch der Löwe das Einhorn umbringt, indem er seine Aufmerksamkeit nur auf die Ebene des niederen Manas und der aktiven Intelligenz richte. Deswegen ist auch die Kunst der Meditation so überaus wichtig, weil sie den Menschen aus den Fesseln seiner Gedanken befreit. Selbst wenn wir nicht meditieren können, sollten wir zumindest lernen, still dazusitzen, denn in der Stille entfaltet sich die Seele, und der sich aufhellende Bereich des Decksteins beginnt in goldenem Glanz zu schimmern, der an seine einstige Herrlichkeit erinnert.

B. Dem Menschen fehlen die drei aufeinander abgestimmten Kopfzentren. Diese beginnen als Feuerfunken, die sich durch viele Erdenleben hindurch langsam entfalten. Jede spirituelle

DIE WIEDEREINSETZUNG DES DECKSTEINS

Erfahrung – im Sinne der Qualitäten von Atma (Anwendung des steten göttlichen Willens), Buddhi (Mitgefühl und Anwendung unserer intuitiven Kräfte, Verständnis des Ewigen sowie Üben der Gewaltlosigkeit und der präzisen Unterscheidung) und Manas (Anwendung des abstrakten Denkens) – versieht diese drei Kopfzentren mit Energie. Anfangs sind sie Feuerfunken, eine schwelende Glut, die ihrer Entfachung harrt. In diesen drei Punkten (die zusammen das *Juwel in der Lotusblüte* bilden) kann sich die Seele des Menschen (die höhere Triade) verankern, während die Persönlichkeit ihre Zukunft immer mehr der Führung ihres höheren Selbst übergibt.

Die Öffnung dieser drei Kopfzentren ist eine heikle Angelegenheit:

1. Jedes Zentrum muß von seinem entsprechenden niederen Ego gespeist werden, einem Chakra, das unter der *Medulla oblongata* oder dem Kieferwinkel liegt. Das Herz muß das Brauenzentrum versorgen. Das Zentrum an der Basis der Wirbelsäule muß seine Energie ins Kopfzentrum (den tausendblättrigen Lotus) leiten. Der sechzehnblättrige Lotus des Kehlkopfs muß seine Energie in das Altamajor-Zentrum führen – das geflügelte Rad auf einer vorgestellten Achse zwischen den Kiefergelenken.

2. Der Grundsatz „Energie folgt dem Gedanken" ist die Grundlage der Energieübertragung. Durch die Erweckung der richtigen Zentren unterhalb des Zwerchfells und das Fokussieren der Aufmerksamkeit auf das jeweilige Alter ego dieser Zentren im Kopf folgt die Energie dem Gedanken.

3. Wenn Prana durch den Atemrhythmus befördert wird, kann diese Energieübertragung stark angekurbelt werden. Insbesondere ist dazu die „Blasebalg"-Atmung[1] förderlich, wenn sie mit der erwähnten Ausrichtung der Aufmerksamkeit zusammen angewendet wird.

---

1) Siehe Baker, Douglas: *Überbewußtsein durch Meditation,* Ed. Crisalide 1996, S. 117 f.

DAS DRITTE AUGE

Der Autor verwendet in diesem Buch Yoga als den Schlüssel, um die Entfaltung des spirituellen Bewußtseins aufzuzeigen. Genausogut hätte er sich des astrologischen, eines alchemistischen oder gänzlich physiologischen Schlüssels bedienen können. Für Neulinge im Yoga haben wir den ausgezeichneten Aufsatz über diese heilige Weisheitslehre von Vishwanath Keskar im achten Kapitel aufgenommen.

4. Eine emotional überaktive Disposition (d. h. emotionale Undiszipliniertheit) behindert die Öffnung der drei Kopfzentren. Das soll nicht etwa heißen, daß Emotionen abgelehnt, sondern daß sie unter Kontrolle gehalten werden sollten. Unterstützende Faktoren wie klassische Musik, Gregorianische Gesänge, Kunstwerke und Dichtung, mit denen man sich befassen kann, oder die Kontemplation immerwährender Gebilde wie etwa der Sterne bringen die Gefühle unter Kontrolle.

5. Der Intellekt sollte, wie die Gefühle, nicht ausgeschlossen werden, doch darf er die Energieübertragung nicht beeinträchtigen. Die sicherste Weise, mit dem Intellekt umzugehen, besteht darin, das Bewußtsein mit einem Vokabular von Symbolen und Bildern auszustatten, die sowohl ein Ausdruck der äußeren wie der inneren Welt sind. Der Autor hat eine vollständige Methode ausgearbeitet, um über hunderttausend solcher Symbole und Bilder im Bewußtsein eines Neophyten einzubauen, die er seinem höheren Selbst vorlegen kann. Diese stammen aus seinem Horoskop und dessen astrologischen Aspekten, die bei jedem Menschen einzigartig sind. Das Horoskop ist der „spirituelle Fingerabdruck" des existentiellen Wesens eines Menschen. Es zeigt die raumzeitlichen Qualitäten des Daseins an, in das er hineingeboren wurde. Durch die Anwendung einer Bildersprache, die sowohl für die Seele als auch für die Persönlichkeit akzeptabel ist, wird eine Ego-Selbst-Achse gebildet und damit der Dialog mit dem höheren Selbst ermöglicht. Derartige Umstände fördern die Energieübertragung außerordentlich. Die Claregate-Methode (s. unten) verhilft zu einer solchen Achse.

DIE WIEDEREINSETZUNG DES DECKSTEINS

Wie schon Aristoteles sagte: „Die Seele kann ohne Bild nicht denken." Viele Neophyten begehen den Fehler, ihre Situation im Leben vom Gesichtspunkt ihrer Persönlichkeit aus einzuschätzen. Sie möchten, daß die Seele die Sprache ihrer gegenwärtigen Persönlichkeit lernen soll ... Englisch im jetzigen Leben, Französich im vorherigen Leben, Polynesisch im Leben davor usw. Dann würde die Seele nur Sprachen lernen, vielleicht eine für jedes ihrer etwa 700 Erdenleben.

Die Seele hingegen bedient sich einer Sprache, die sich über Äonen hinweg kaum verändert hat. Es ist die Bildersprache. Die großen Schwierigkeiten, die der westliche Mensch im Umgang mit den esoterischen Weisheitslehren und deren Übung empfindet, rühren daher, daß er die Symbolsprache nicht mehr kennt. In den drei großen Weisheitslehren des Yoga, der Alchemie und der esoterischen Astrologie kann diese Sprache wiedererlernt und angewendet werden.

Mittels der Claregate-Methode, die der Autor in seiner Londoner Schule lehrt, wird der Schüler angeleitet, sich mit der Sprache der Symbole vertraut zu machen, um damit einen Dialog zwischen Ego und Selbst aufzunehmen. Symbolisch ausgedrückt bringt er den Baum seines Antakaranas hervor, mit dem er das Unbewußte anspricht. Auf diesem Baum wachsen die Früchte des Unbewußten, die zahlreichen Symbole seines inneren visuellen Vokabulars. Diese Früchte werden vom höheren Selbst gepflückt, und ihre Samen führen zum inneren Wachstum. Der Vorgang ist gegenseitig, das Resultat eine von der Seele erfüllte Persönlichkeit mit einem Organ der inneren Schau.

C. Die drei Kopfzentren müssen *gleichzeitig* erweckt werden. Jedes Zentrum für sich ist verhältnismäßig leicht zu entfalten – so erweckt beispielsweise einsames Sitzen in der Dunkelheit über lange Zeit hinweg bis zu einem gewissen Grad nur das Sahasrara-Chakra, das Kopfzentrum des tausendblättrigen Lotus. Sich selbst durch Atmen in Hyperventilation und Koma zu versetzen erweckt das Altamajor-Zentrum, unabhängig von den beiden anderen Kopfzentren. Ausschweifender Alkoholgenuß oder bestimmte bewußtseinsverändernde Drogen können das Ajna-Chakra unabhängig von den beiden anderen öffnen. Doch mit keiner dieser Öffnungen, weder einzeln noch zusammen, wird die gewünschte Wirkung der gleichzeitigen, sanften und sicheren Entfaltung aller drei Kopfzentren erzielt.

Um es ganz kurz anzudeuten: Das Altamajor-Zentrum wird durch Dienst am Menschen, Atmen für andere und durch rhythmisches Atmen mit der Natur gefahrlos erweckt, wenn zugleich die Disziplinen zur Erweckung der beiden anderen Kopfzentren geübt werden. Dadurch, daß man sich mit den klassischen Weisheitslehren der Alten befaßt, wird das Brauenzentrum aktiviert. Danach wird es durch Konzentration auf Gegenstände, die man sich zwischen den Augenbrauen vorstellt, zum Aufblühen gebracht. Das gefahrlose Erwecken des tausendblättrigen Lotus als auch gleichzeitig der anderen beiden Kopfzentren wird durch die Kunst der Meditation bewirkt. Diejenigen, die eine Entfaltung des dritten Auges anstreben, sollten demnach folgendes tun:

1. der Menschheit dienen,

2. die klassischen Weisheitslehren studieren,[3]

3. meditieren.

Werden diese drei Disziplinen gleichzeitig geübt, verläuft die Öffnung der drei Kopfzentren gefahrlos und sanft, und schließlich sollte der Neophyt

4. sich die „meditative Lebensweise" aneignen.

Er kann nicht erwarten, seine spirituelle Übung auf eine halbe Stunde täglich oder eine Stunde pro Woche zu beschränken, in-

---

3) Siehe Anhang 2.

dem er etwa irgendwo einen Vortrag anhört. Wenn er sich um Psychosynthese – die Neuordnung der Persönlichkeit an einem höheren Schwingungspunkt – bemüht, sollte er jede Gelegenheit nutzen, damit dieser Vorgang glatt verläuft. Es gibt vieles, was der Neophyt in seine Lebensweise integrieren kann.

Wie Prometheus, der in alter Zeit den Göttern das Feuer stahl und es als großen Dienst hingebungsvoll der Menschheit brachte und nun die Strafe erleiden muß, daß der Adler seine Leber frißt (die Prüfungen des Skorpions und der Initiation), während er an den Berg (der Einweihung) gekettet ist, so muß auch der Neophyt große Prüfungen auf dem gewundenen, leidvollen Weg bestehen.

In meinem Ashram benutzen wir die Eselsbrücke CHROME, um die Grunderfordernisse der meditativen Lebensart festzuhalten. Jeder Buchstabe bezeichnet eine der sechs Hauptdisziplinen:[4]

C – Courage: Mut (M)

H – Harmlessness: Gewaltlosigkeit (G)

R – Relevance: Relevanz (R)

O – Order: Ordnung (O)

M – Malleability: Anpassungsfähigkeit (A)

E – Endurance: Ausdauer (A)

Ein Neophyt sollte niemals vergessen, daß der Weg das Ziel ist, daß jeder Schritt in Richtung des Lenkens von Energie in den Kopf das Ziel bedeutet. Er sollte sich nicht entmutigen lassen, wenn er den Gipfel der Initiation nicht auf Anhieb erreicht. Viele Weisen des Ostens versprechen ihren Schülern sogar lediglich

---

4) Im Deutschen ergäbe sich, bei veränderter Reihenfolge der 6 Anfangsbuchstaben, das Wort AMARGO (oder ORGAMA), das man als Eselsbrücke benutzen könnte.

einen Nutzen in zukünftigen Leben, wenn sie sie in neue Disziplinen einführen. Das wäre bei uns im Westen allerdings kaum populär, wo man dem lächerlichen Konzept frönt, die Dinge seien nach dem Ergebnis zu beurteilen, statt aus dem richtigen Motiv zu handeln.

D. Sehr wichtig ist es, ein spirituelles Tagebuch zu führen. Das übt einen stabilisierenden Einfluß auf das Leben des bedrängten Schülers aus. Das Tagebuch ist sein Trost, sein Mentor und sein Leitstern. Letztendlich wird es sogar zu seinem spirituellen Atelier, in dem er das Gewebe seines dienenden Lebens ausarbeitet. Es ist so wichtig, daß der Autor eine gesonderte Abhandlung zu diesem Thema verfaßt hat.[5]

Das spirituelle Tagebuch ist eines der wichtigsten Werkzeuge, die dem Schüler zur Verfügung stehen. Es ist unumgänglich, daß er Dinge aus seinem subjektiven Leben aufzuzeichnen beginnt, und das Tagebuch liefert ihm das dazu nötige Mittel. Das Einrichten und Führen eines spirituellen Tagebuches ist eine systematische Methode zur Aufzeichnung von Dingen, die für die seelischen Belange relevant sind, beispielsweise Träume, Visionen, Eindrücke, Fortschritte in der Meditation, Dienste, esoterische Studien und sogar Veränderungen des physischen Körpers. Das Tagebuch wird schließlich zum Bindeglied zwischen dem Schüler und seinem höheren Selbst und dient als Mittel, durch das er dieses um Rat und Hilfe bitten kann. Im richtigem Umgang damit wird es zu einem unschätzbaren Zeugnis seiner unmittelbaren inneren Antworten.

WIE MAN EIN SPIRITUELLES TAGEBUCH ANLEGT

1. Suchen Sie sich ein gebundenes Buch mit leeren oder linierten Seiten (nehmen Sie keinen Terminkalender).

5) Baker, Douglas: *The Spiritual Diary*.

DIE WIEDEREINSETZUNG DES DECKSTEINS

2. Versehen Sie das Tagebuch mit Namen und Widmung, wobei natürlich auch der Zweck, zu dem es eingerichtet wird, vermerkt wird.

3. In regelmäßigen Abständen sollten darin Auszüge aus der klassischen okkulten Literatur eingetragen werden, beispielsweise aus *Die Stimme der Stille* von H. P. Blavatsky, *Licht auf den Pfad* von Mabel Collins, *Zu Füßen des Meisters* (Krishnamurti) von Alcyone[6] oder aus anderen klassischen Werken der Literatur oder Gedichten, deren Lektüre einen inneren Anklang hervorruft und den Schüler auf die Qualitäten des höheren Selbst einstimmt. Dies trägt zu einer ehrerbietigen Stimmung bei.

4. Tragen Sie regelmäßig Ihre Träume, Bilder für die Meditation, Dienste, Offenbarungen usw. darin ein.

DER ZWECK DES SPIRITUELLEN TAGEBUCHES

Das spirituelle Tagebuch ist ein Zeugnis der Bemühungen, Kämpfe und Erfolge auf dem spirituellen Weg, und es befaßt sich mit Dingen, die der Seele helfen, ihr Ziel zu erreichen. Es dient als wertvolle chronologische Aufzeichnung auf dem Pfad des Schülers. Bei gewissenhafter Führung liefert es maßgebliche Hilfestellung in Zeiten des Drucks und großer Schwierigkeiten, was dem einzelnen zeigt, daß die Seele unablässig über ihn wacht und seine Persönlichkeit lenkt.

Das spirituelle Tagebuch ist ein Mittel, um psychische Belange voll zu Bewußtsein zu bringen:

1. Das Tagebuch stellt einen Empfangskanal her für die Übertragung von Rat und Führung seitens des höheren Selbst, die eine Veränderung der Persönlichkeit, ihrer Anhaftungen und Begrenzungen bewirken kann.

6) Siehe Anhang 2.

2. Es ruft auf höchst aufrüttelnde Weise Bekenntnisse des Neophyten hervor, bei welcher dieser seine Seele bloßlegen kann. Dies wirkt wie ein Katalysator, um Blockaden der Persönlichkeit zu entfernen, die verhindern, daß die „Stimme der Stille" zu einem verständlichen und stets anwesenden Berater wird.

3. Es bestimmt so lange den Stil und das Tempo für den Ausdruck der Persönlichkeit des Schülers, bis diese ihm zur zweiten Natur geworden sind und er keinen Ansporn mehr braucht. Die philosophische Lebensweise wird für ihn Realität. Diese Lebensweise bleibt von den Stürmen des wettbewerbsbetonten Lebens und den Wirbeln oder Strömungen der Unsicherheit und Angst unberührt.

4. Ein gutgeführtes spirituelles Tagebuch geleitet den müden Wanderer bis zur Quelle seines Seins, unterzieht die Persönlichkeit einer Gehirnwäsche nach den Geboten seiner eigenen Seele und bewirkt eine Rückwendung zurück zum Pfad, von dem der Schüler sich von Geburt an immer weiter entfernt hat. Das Geheimnis dabei besteht darin, daß die Neuorientierung zur Seele statt zur Persönlichkeit erreicht wird.

5. Die inneren Quellen werden dazu angeregt, ihren Gehalt an erhabenen Erinnerungen aus früheren Leben freizusetzen. Es entsteht eine Übereinstimmung zwischen den Elementen des kollektiven Überbewußten, der Psyche und den permanenten Atomen der niederen Triade, die bei einigen Menschen den Grundstock zum Genie bildet.

6. Zusammen geben diese Impulse der Persönlichkeit einen neuen Antrieb. In der Psychoanalyse wird der Mensch von der kindlichen Psyche befreit. In der Schülerschaft muß er sich vom Hüter der Schwelle befreien – der Gesamtsumme aller Ablagerungen der Persönlichkeitserfahrungen aus diesem und aus früheren Leben, was seinen persönlichen Anteil am kollektiven Unbewußten der Menschheit einschließt.

DIE WIEDEREINSETZUNG DES DECKSTEINS

Das Tagebuch bereitet den Schüler auf die Konfrontation mit dem Hüter der Schwelle vor. Es fordert die Seele zu Hinweisen heraus, mit welchen Anteilen des Hüters man sich als nächstes auseinandersetzen muß.

7. Das Tagebuch dient dazu, auf diejenigen Schwierigkeiten hinzuweisen, die sich aus den Anpassungen des Schüler an die Außenwelt ergeben, die er vornehmen muß, wenn er sich die philosophische und meditative Lebensweise zu eigen machen will. Wird eine Frage im Tagebuch festgehalten, kann das höhere Selbst in der Meditation oder im Traum Vorschläge machen, wie diese Veränderungen vonstatten gehen könnten.

8. Das spirituelle Tagebuch soll dem Schüler nicht dazu verhelfen, dem Schmerz zu entrinnen, sondern ihm aufzeigen, daß Schmerz mit der Vergänglichkeit der Materie zusammenhängt. Alle auf Form gegründeten Beziehungen sind vergänglich.

9. Mystische Erfahrungen sind an sich schon eine Freude, doch wenn sie der Lohn für die Bemühungen einer spirituell orientierten Persönlichkeit sind, übersteigen sie alles andere, weil sie *Sinn* ins Leben bringen. Viele Schüler bestätigen, daß sie Leid ertragen können, solange sie einen Sinn darin sehen. Das Tage-

buch bringt die Welt der Handlung mit der Welt der Ursachen zusammen und liefert damit Einsichten in das Karma.

10. Im spirituellen Tagebuch sollte man stets bereit sein, jedes Motiv zu analysieren, einzuschätzen und zu bewerten. Die Suche nach den Wegweisern der wahren spirituellen Entfaltung wird vom Tagebuchschreiber gefördert, dessen Ehrlichkeit sich selbst gegenüber unabdingbar ist. Unwahrheiten in das spirituelle Tagebuch einzutragen ist wie Schwindeln beim Kartenspiel.

Das spirituelle Tagebuch sollte ein Zeugnis Ihrer Versuche sein, ein meditatives Leben zu führen. Die Grundsätze dazu werden im nächsten Kapitel aufgezeichnet, das einen Auszug aus den Lehren eines bekannten Yogis darstellt.

Teil IV

ANWENDUNGEN

8

YOGA

Von Vishwanath Keskar

Der Yoga ist eine Wissenschaft und Philosophie zugleich. Als Wissenschaft befaßt er sich mit der Physiologie des menschlichen Körpers und der Psychologie der Seele. Als Philosophie geleitet er den Menschen aus den Fesseln des Körpers und des Geistes in sein eigenes Reich der spirituellen Intuition.

Die Sanskritwurzel *yuj* im Wort Yoga hat drei Bedeutungen: Samadhi, Selbstkontrolle und Vereinigung. Zusammen deuten diese drei auf die drei Aspekte des Problems hin. Samadhi steht für Hatha-Yoga, dessen Höhepunkt es bildet. Selbstkontrolle ist das Mittel, und Verbindung ist das Ziel.

Das Hauptwerk über den Yoga ist die *Bhagavad-Gita*. Unmittelbar danach sind die *Yoga-Sutras*[1] von Patanjali und das *Yoga-Vasishta* zu nennen. Um dieses wichtige Thema geht es in drei oder vier Upanischaden. In einer langen Überlieferungslinie haben wahre Yogis die Schönheit dieses altehrwürdigen Systems der Kultivierung von Körper, Geist und Seele zum Nutzen der gesamten Menschheit erhalten.

Der Begriff wird für vielerlei Wege und Mittel der Verwirklichung verwendet. Darunter stechen aber vier hervor: *Hatha-Yoga, Raja-Yoga, Karma-Yoga* und *Bhakti-Yoga*. Auch diese zeigen jeweils sowohl das Mittel zur Erlangung der Verwirklichung als auch den

1) dt. *Die Wurzeln des Yoga*, Scherz-Verlag, Bern, 4. Aufl. 1982.

jeweiligen Zweig an. Andere Namen und Zweige sind *Jnana-Yoga*, *Mantra-Yoga* und *Laya-Yoga*.

Yoga ohne nähere Bezeichnung ist immer *Raja-Yoga*, d. h. *Jnana-Yoga*. In der *Bhagavad-Gita* wird er als „Königsweg" zur Verwirklichung bezeichnet und mit weiteren bedeutungsschweren Namen versehen, nämlich *Raja-Vidya* oder „göttliche Weisheit" und *Raja-Guhya* oder „großes Geheimnis".

Gehen wir einmal vom heutigen Menschen aus und analysieren sein Wesen. Er besteht aus zwei Hauptteilen – dem materiellen und dem nichtmateriellen Teil. Der nichtmaterielle Teil ist wieder in einen höheren und niederen geteilt: die Seele oder *Atman* und den Geist. Der Geist, *Chitta,* ist also das Bindeglied zwischen den höheren und niederen Teilen des Menschen.

Nehmen wir uns nun die heutige Welt vor und analysieren sie. Darin gibt es Leben, Kraft und Materie. Materie ist tot und kann sich von alleine nicht bewegen. Man nennt sie *Prakriti*. Ein Yogazweig fußt auf den Grundsätzen der *Sankhya*-Philosophie, in der *Purusha*, die Seele, dem Guten und Bösen zuschaut, wozu Prakriti als Kette von Ursache und Wirkung den Stoff liefert.

Es gibt einen Plan im Universum, und jedes kleinste Teilchen, bestehe es aus Chitta oder Prakriti, folgt dem Gesetz der Evolution, welches das Wachstum der Form und des Bewußtseins regelt. Die moderne Wissenschaft achtet auf die Entwicklung der Form und betreibt Forschung auf diesem Gebiet. Yoga lehrt, daß Purusha, die Seele, diesen Gesetzen nicht untersteht, sondern Prakriti mit der Macht erfüllt, seine Arbeit gemäß dem Gesetz zu erfüllen. Dieses Gesetz der Evolution ist das Ergebnis des ersten Willensimpulses des kosmischen Geistes *Paramatman*. Sein Wille ist Gesetz, das unergründlich, aber intelligent ist.

Purusha, die Seele, hat keinen Antrieb, handelt nicht, ist vollkommen, allweise und glückselig. Sie braucht keine Hilfe und läßt keine Veränderung zu. Doch Purushas in Körpern aus Prakriti

YOGA

mit *Samskaras* oder Nachwirkungen vergangener Inkarnationen scheinen durch ihre eigenen Wünsche und Triebe gefangen zu sein. Die Natur oder Prakriti hat alle Macht, ein Universum hervorzubringen, nachdem es vom Willen der kosmischen Seele *Parameshvara* inspiriert wurde. *Ishvara* hat das Weltensystem, dem wir angehören, direkt inspiriert. *Jiva* ist eine Bewußtseinseinheit in einer oder mehreren Hüllen. Paramatman durchdringt den gesamten Raum und alle Zeit. Er befindet sich jenseits aller Begrenzungen, begrenzt sich jedoch aus freiem Willen. Erst damit beginnt die Schöpfung.

Verschiedene Schulen betrachten diese Gegebenheiten aus verschiedenen Blickwinkeln und gehen von unterschiedlichen Ansätzen aus. Daher enthält jede Lehre und jede Philosophie etwas Wahres, keine birgt jedoch die ganze Wahrheit. Das widerspräche dem Geist des Gesetzes der Evolution, die den Willen Parameshvaras Stück für Stück offenbart. Die Evolution der Form und des Bewußtseins ist ein sehr langsamer, jedoch intelligenter Vorgang. Bis das menschliche Stadium erreicht ist, hat das Bewußtsein keinerlei Absicht, das Gesetz zu erkennen und den natürlichen Fortschritt voranzutreiben. Mit dem Menschen treten die Eigenschaften des göttlichen Geistes in Kraft, und er kann seinen Willen und seine Intuition dazu benutzen, seinen eigenen Fortschritt zu beschleunigen. Das kann er zu seinem eigenen Nutzen ohne Strafe wegen Ungehorsams tun. Das ist das besondere Ziel des Yoga. Dieses Wissen um die innere und äußere Evolution unterscheidet Yoga von anderen Wissenschaften und Philosophien.

Die Grundlagen des Yoga werden im festen physischen Gebilde des irdischen Körpers gelegt. Das Gebäude stellt die formbare Konstruktion des Geistes mit seiner Welt der Gedanken und Wünsche dar. Er ist durch das Nervensystem mit dem Körper verbunden, dessen Stamm – *Merudana*, die Wirbelsäule – am untersten Ende, d. h. in der Wurzel *Muladhara* beginnt und bis

DAS DRITTE AUGE

zum höchsten Punkt im Gehirn reicht, zu *Sahasrara*, der tausendblättrigen Krone. Somit ist der Mensch am unteren Ende ein Kind der Erde, und ein Kind Gottes am oberen. Dieser Vorgang setzt notwendigerweise Wissen voraus und die systematische Anwendung dieses Wissens, um Erfüllung zu erlangen.

Der Körper des Menschen ist ein Wunder. Die verschiedenen Systeme, die ihn zu einem organischen Ganzen machen, weisen eine außerordentlich schöne Anordnung der Teile und eine äußerst ausgeklügelte Funktionsweise auf. Hinter diesem körperlichen Rahmen stecken ein Plan und ein Zweck. Das wichtigste und komplizierteste unter allen körperlichen Systemen ist das Zentralnervensystem mit seinem Stamm und unzähligen Verästelungen in alle Richtungen, die ihm das Aussehen eines Baumes verleihen. Die Blüten, die an diesem Baum des Lebens wachsen, sind die *Chakras* oder Nervengeflechte. Die verschiedentlich auftretenden Nervenknoten sind die endokrinen Drüsen. Die Frucht wächst auf der Krone des Baumes. Sie ist Frucht und Blüte zugleich, die den Duft der Unsterblichkeit und Glückseligkeit um sich verströmt. Frucht und Blüte sind für das physische Auge unsichtbar. Nur den nackten Baum mit seinen Ästen und Zweigen kann man sehen. Um diese höchsten Teile zu erreichen und zu nutzen, sind bestimmte Schritte nötig. Das ist die praktische Seite des Yoga als okkulte Lehre.

Vishnu ist der Begründer des Raja-Yoga, Shankara ist der Vater des Hatha-Yoga und des Tantra. Der Gott Krishna erzählt Arjuna in der Bhagavad-Gita eine Geschichte über das große Geheimnis: „Zuerst lehrte ich diesen Yoga Vivaswat, der wiederum ihn Manu hat gelehrt. Ikshvaku später empfing ihn von Manu. Und also trugen in fürstlicher Folge die Weisen ihn weiter von Lehrer zu Lehrer, bis er verloren, vergessen ward viele Jahrhunderte lang."[2] Krishna trägt ihn Arjuna und mit ihm der ganzen Menschheit noch einmal vor.

2) *Bhagavad-Gita, Gesang des Erhabenen*, IV.1. Bauer, Freiburg, 4. Aufl. 1984.

YOGA

Shankara enthüllte seiner göttlichen Gemahlin Parvati das Geheimnis der okkulten Tantra-Lehre. Sie stellt den *Shakti-* oder Machtaspekt Ishvaras dar. *Ishvara* oder Gott selbst hat weder Namen noch Form. Daher ist er der schweigende Zeuge aller Handlungen und Veränderungen, die durch seine Macht oder seinen Willen – *Maya-Shakti* – entstehen.

Tantra ist der okkulte Yoga, der sich vorwiegend mit der kosmischen Energie, *Maha-Kundali*, befaßt, die im menschlichen Körper als die Schlangenkraft *Kundalini* erscheint. Diese Macht, *Shakti*, liegt wie eine schlafende Schlange zusammengerollt an der Basis der Wirbelsäule. *Tantra-Shastra* zielt darauf ab, die schlafende Kundalini zu wecken und zum Aufstieg durch die sechs feinstofflichen Zentren oder Chakras in der Mitte der Wirbelsäule zu bringen, bis sie sich mit dem Herrn dieser Macht, Shiva, vereint. Das ist die „heilige Vermählung" in der Sprache der Geheimwissenschaften und führt dazu, daß die getrennte Seele Unsterblichkeit erlangt. Dieser Vorgang ist als *Kundalini-Yoga* bekannt.

Der Hatha-Yoga verwendet dieselben Methoden, jedoch mit einigen vorbereitenden Schritten, um Körper und Geist unter Kontrolle zu bringen. Zu diesem Zweck wird eine bestimmte Übung von *Asanas* oder Körperhaltungen sowie *Pranayama* oder rhythmischer Atmung als notwendig erachtet. Übernatürliche Fähigkeiten, *Siddhis*, stellen sich nach und nach mit der Reinigung und Belebung des Sonnengeflechts oder Manipura-Chakra ein. Diese Siddhis gibt es auf zwei Ebenen, einer höheren und einer niederen. Die niederen Kräfte sind eine große Gefahr und Behinderung auf dem Weg zur spirituellen Erleuchtung oder Samadhi. Auch die höheren Siddhis sind ein Hindernis, wenn man sie um ihretwillen anstrebt. Entstehen sie als Ergebnis innerer Reinheit und der Entwicklung eines höheren Bewußtseins, sind sie eine Hilfe. Bei manchen, die damit geboren werden, sind sie ein Geschenk aus der Vergangenheit. Bei anderen entstehen sie nach bestimmten Übungen unter der Führung der *Siddhas*, der Meister der Geheimlehren. Yogis und Siddhas sind zwei verschiedene Gruppen von Adepten. Siddhas sind Meister des Kundalini-Yoga und demzufolge im Besitz übersinnlicher Kräfte. Yogis sind Meister des Pranayama und der Geisteskontrolle, und auch sie besitzen einige übersinnliche Kräfte – jedoch ohne sie erarbeitet zu haben.

Diese beiden Yogarichtungen sind durch ein Mißverständnis ihres Grundprinzips und den Mißbrauch von Kräften in Verruf geraten. Dessenungeachtet stellen sie einige der hervorragendsten Errungenschaften der Hindus in den physischen und praktischen Wissenschaften dar. Sie eröffnen genauste Kenntnisse in bezug auf die Höherentwicklung der verschiedenen Körpersysteme sowie deren praktischen Einsatz. Darin sieht man, zu welchen Höhen der indische Geist sich aufgeschwungen hat – und sich daher auf dem Gebiet der Erforschung verborgener Bereiche der physischen Natur wieder aufschwingen kann.

„Wie oben, so unten" lautet ein Grundsatz aus der griechischen Philosophie als Echo auf die indischen Lehren. Der Mikrokosmos, *Pinda*, ist in jeder Hinsicht das genaue miniaturisierte Gegenstück des Makrokosmos *Brahmanda*. Die Herrschaft über den Geist und durch diesen über das Gehirn und Nervensystem erschließt die Quelle aller Mächte im Universum an. Es gibt nichts im äußeren Universum, das nicht im menschlichen Körper wäre. Was nicht hier im *Kshetra*, dem Körper, ist, ist nirgendwo. Das ist das Prinzip hinter dem Gesetz der Evolution der Formen. Diese feinstoffliche Qualität in der physischen Hülle ermöglicht es dem Yogi, seinen Körper unter Kontrolle zu haben und zu regeln, um seinem Ziel des schnelleren Fortschritts zu dienen.

Ein Yogi höheren Grades richtet seine Aufmerksamkeit vorwiegend auf den Geist. Chitta, der Geist, ist ebenfalls eine Hülle, jedoch auf einer höheren Stufe, und er ist das einzige Werkzeug,

YOGA

das der Mensch zu seiner Weiterentwicklung nutzen kann. Die wichtigen psychologischen Grundsätze stehen dem Yogi stets vor Augen: Aufmerksamkeit und Unterscheidungsvermögen. Er beginnt mit der Analyse des Inhalts seines Geistes und stellt fest, welche gedanklichen Elemente seinem Fortschritt schaden. Er versucht, seinen Geist auf die unveränderliche Wirklichkeit, *Atman*, zu richten, und um dies zu erreichen, unterscheidet er zwischen Selbst und Nichtselbst. Er strebt nicht nach Dingen in der physischen oder mentalen Welt, die ihm als Selbst nicht angehören. Derart viele unerwünschte Gäste haben ihre ständige Wohnstatt im menschlichen Geist aufgeschlagen, daß sie zu vertreiben zu einer beinahe unmöglichen Aufgabe geworden ist. Da sind die Ideen, Gedanken, Gefühle, Emotionen, Wünsche und Impulse, die zu ihrer Erfüllung äußerer Gegenstände bedürfen.

Yoga liefert das Heilmittel. Es besteht darin, die Verschwendung geistiger Energie einzustellen, die die Quelle aller Lebensenergien darstellt. Der Geist ist der Schlüssel zur Lösung aller Probleme im Menschenleben. Shri Krishna faßt das Geheimnis als Antwort auf Arjunas Frage in zwei Worte: *Abhyasa* und *Vairagya* – stete Übung und Nichtanhaften an Sinnesgegenständen. In den *Yoga-Sutras* steht dasselbe beinahe wörtlich, wobei jedoch der Ausdruck *Chittavritti-Nirodha* verwendet wird – die Sublimierung oder Zügelung der ablenkenden Denkbewegungen. Der Geist muß leer von allen Gedanken und Gefühlen und mit nichts als dem Gedanken an das Selbst gefüllt werden. Alle Gedanken und Wünsche des Nichtselbst sind notgedrungen unangenehm, da sie dem Menschen die höchste Freude oder Glückseligkeit des Atman vorenthalten. Manchmal sind sie insofern angenehm, als sie eine Zeitlang den Schmerz oder Kummer der Nichtfreude lindern. Aber sie verunreinigen den Geist mit falschen Glücksvorstellungen und entwürdigen ihn daher.

Das Unbewußte ist der Speicher oder die Sammlung all dessen, was in früheren Leben angehäuft wurde; davon wird ein Teil dazu herangezogen, um in diesem Leben zur Blüte zu gelangen. Der subjektive Geist nimmt es in Empfang und leitet es zur Verwendung an das physische Gehirn weiter. Im Zustand des Wachbewußtseins sind Geist und Sinnesorgane gleichermaßen funktionstüchtig, und infolge ihrer Außengerichtetheit wird der Mensch aus seiner eigentlichen spirituellen Mitte geworfen. Den Tag hindurch identifiziert er sich mit dem Körper und dessen Handlungen. Das führt dazu, daß er an ihm hängt. Nach und nach vergißt er sein wahres Wesen, seine Göttlichkeit. Im Traumbewußtsein ruht der Körper, und der Geist kann frei herumschweifen und sich seine eigene Welt der Täuschungen erfinden. Das liefert ihm neuen Treibstoff und führt dazu, daß der Mensch das vergängliche Nichtselbst für die Wirklichkeit oder das Selbst hält und sich weit von zu Hause entfernt. Nur im Tiefschlaf ruht der Geist – der Unruhestifter – ebenfalls und läßt Jivatman einen Blick auf das Höchste erhaschen.

Das hilft jedoch keineswegs, da die Substanz des Geistes mit *Tamas* und *Rajas*, Stumpfheit und Ruhelosigkeit, angefüllt ist, wenn diese auch vorübergehend unterdrückt sind. Erst wenn der Geist dieser beiden zerstörerischen Eigenschaften ledig und mit *Sattva*, Ausgeglichenheit, angefüllt ist, erlangt Jiva Reinheit und Frieden.

„Wie ein Mensch denkt, so wird er", lautet ein spirituelles Gesetz, das im Yoga Gültigkeit hat. Wellenförmige Gedankenbewegungen, *Sankalpa* und *Vikalpa* – Gedanken für und gegen etwas –, stören die ursprüngliche Geistesruhe. Daher ist es notwendig, sich auf ein höchstes Ideal auszurichten. Das wiederum ist regelmäßig zu üben, bevor der Geist sich daran gewöhnt, sich seinem wahren Wesen gemäß zu verhalten, nämlich dem Atman Ausdruck zu verleihen.

Eine der wichtigsten Besonderheiten des Geistes liegt darin, daß er die Färbung des Gedankens oder Gegenstandes annimmt, der ihm vorgesetzt wird. Durch fortgesetzte Übung wird der flüchtige Geist in spirituelle Intuition umgewandelt. Das ist das grundlegende Prinzip des Denkens. Der Mensch wird zum Denker, statt nur Anwender des Gehirns zu sein, wie das gewöhnlich der Fall ist. Werden Wünsche und Gedanken gänzlich ausgeschaltet, verschwindet auch der geläuterte Geist, und der Mensch sieht sein eigenes Selbst. Darauf zielt *Dhyana*, die Meditation, ab. Mit unablässiger Übung wird Dhyana zu Samadhi, der spirituellen Erleuchtung. Nun *ist* der Mensch sein eigenes Selbst, Atman, und er ist sich seiner Göttlichkeit und nichts anderen voll bewußt. Die Hüllen haben ihr Gewicht verloren und hängen nicht mehr wie behindernde Gewänder an ihm. Das Licht des Geistes sickert von den höheren durch die niederen Hüllen bis in den physischen Körper, um den sie eine strahlende Aura bilden. Die Vereinigung von Jivatman und Paramatman in der geheimen Kammer des Hauptes erzeugt *Ananda*, Seligkeit, die durch das Tor am Hinterhaupt austritt und ein Siegesbanner mit einem Heiligenschein bildet. Nun ist der Mensch Herr seiner eigenen und der äußeren Natur und schreitet, von großen Mächten angekündigt, voran zum Thron in der Mitte des siebenten Chakras. Die Weisheit hat tiefe Einsicht und Demut mit sich gebracht. Die Macht hat ihn sanft und gütig gemacht. Die Seligkeit hat ihn mit Frieden und einem unerschöpflichen Bewußtsein der Liebe gekrönt.

Der Kausalkörper, *Karana-Sharira*, hat den Samen seines Lebenstriebes verbrannt. Der feinstoffliche Körper, *Sukshuma-Sharira*, sowie die grobstoffliche Hülle, *Sthula-Sharira*, halten ihn entweder auf der Erdenebene zurück, oder sie sind schon vergangen. Es spielt für denjenigen, der nun in seinem eigenen Licht erstrahlt, keine Rolle mehr. Der *Jivanmukta*, der zu Lebzeiten Befreite, und der *Videhamukti*, der Befreite auf höheren Ebenen, sind gleichermaßen frei. Nun stehen Reinheit und Macht des Bewußtseins im Vordergrund und nicht die An- oder Abwesenheit der körperlichen Hüllen.

DAS DRITTE AUGE

Wenn man von den sieben Stufen der Verwirklichung oder den acht Stufen des Yoga spricht, so sind das zwei Bezeichnungen für dieselbe Methode mit geringen Unterschieden. Darin zeigt sich die Gleichheit von Dhyana-Yoga und Raja-Yoga. Aus der Geschichte der Wissenschaft und Philosophie des Yoga wird zur Genüge klar, wie wahr es ist, daß echte Yogis weise Seher waren; es hat keinen Propheten, Meister oder Lehrer gegeben, der die Grundsätze des Yoga nicht gekannt hätte.

Krishna heißt auch *Yogeshvara*, Herr des Yoga, und Shiva *Yogeeshvara*, Vater des Yoga und der Yogis. Dattatreya ist der große Lehrer des Yoga und Begründer der Schule der *Nathas*, der Yoga-Adepten. Buddha hat sich auf Dhyana-Yoga festgelegt und damit die Erleuchtung erlangt. Besonders lieb war ihm *Padmasana*, die Lotushaltung, in der er häufig abgebildet wird. Er hat seine eigene Philosophie der Meditation entwickelt. Avalokiteshvara, Buddha und Nagarjuna haben weitergelebt und die yogische Überlieferung im nördlichen Zweig des Buddhismus lebendig erhalten. In Tibet sind diese Lehren bis heute verbreitet, wobei die tantrische Seite des Yoga der Entwicklung des Selbst-Bewußtseins beisteht, wenn darauf geachtet wird, daß das Selbst vor dem Verlassen des Körpers entsprechend unterwiesen wird.

Mahavira Muni, Begründer des Jainismus und Zeitgenosse Buddhas, entwickelte die Besonderheit des Dhyana-Yoga, die Meditation, auf eigene Weise. Im Jainismus wird das Hauptgewicht auf *Ahimsa* und *Uposatha* gelegt, das heißt, auf völliges Nichtverletzen von Lebewesen sowie auf Fasten als notwendige Bedingungen für die Meditation und als echtes Mittel zur Erlösung.

In anderen Ländern wurde Yoga ebenfalls bis zu einem gewissen Grad verstanden und praktiziert. Jeder angesehene Prophet und Lehrer beweist, daß er über genaue Kenntnisse der Grundsätze und Übung des Yoga verfügt. Sämtliche Wunder, die ihnen zugeschrieben werden, sind das Ergebnis okkulter yogischer Kräfte oder Siddhis. Moses lebte in einem Zeitalter der weißen Magie. Ägypten war damals ein großes freies Reich, das sich des Wohlstands erfreute. Die mächtigen Pharaonen waren an ihren Höfen stets von Kennern der weißen und schwarzen Magie umgeben. Die Pyramiden, in Stein gehauene Wunderwerke, wurden mit übersinnlichen Kräften erbaut. Das Anheben der Riesenquader bis in große Höhen und ihre Anordnung an ganz genauen Stellen nach einem bestimmten Bauplan war das Werk von Siddhas, unter deren Anleitung und Aufsicht die Pyramiden errichtet wurden. Der Mosesstab war ein Zauberstab, den er benutzte, um die Mächte der Natur herbeizurufen und den Einfluß von Schwarzmagiern in Schach zu halten.

Verfolgen wir die Geschichte des Yoga als Faktor in der Evolution des Menschen zurück, so stellen wir fest, daß in den frühesten Überlieferungen die Sonne und das Feuer als göttliche Kräfte bezeichnet wurden. *Agni-Yoga* ist die Lehre, die Erklärungen zur Evolutionsstufe liefert, welche die Menschen des alten Indiens, Ägyptens, Persiens, Griechenlands sowie Chinas und Babylons erreicht hatten. Das alte Indien – Wiege der arischen Rasse und Unterrassen – pflanzte den Baum des Yoga, dessen Äste sich in alle Teile der Welt verbreiteten. Der Mutterbaum steht noch immer dort und wartet darauf, in kommenden Zeitaltern Früchte zu tragen, die dem bis dahin entwickelten Bewußtseinsstand entsprechen.

Erde und Wasser wirken sich als die niedersten Grundlagen der Schöpfung zuerst in der Evolutionsarbeit der Form und des Bewußtseins aus. Grobstoffliche Substanzen haben ihre feinstofflichen Entsprechungen in den *Apanchikrita Tattvas*, den nichtzusammengesetzten Grundlagen. Letzteren untersteht die Regelung der Beziehung zwischen Bewußtsein und Form. Auf jede Änderung des Bewußtseinszustands folgt eine entsprechende Änderung in den Schwingungen der Materie. Diese feinstoffliche

DAS DRITTE AUGE

Beziehung zwischen dem Geist – Atma – und dem Denken sowie zwischen Denken und Materie ermöglicht es dem Selbst – Atman –, das Nichtselbst *Prakriti* zu erkennen und einzusetzen. Nichts im Universum ist außerhalb von Paramatman, dem universellen Logos. Der Unterschied zwischen den beiden liegt im Grad des Bewußtseinszustandes. Derselbe eine Atman wurde zum Geist durch die Macht seines Willens, begrenzt zu werden, und diese getrennte begrenzte Macht des Geistes wurde durch den Wunsch, ein Leben weltlicher Freuden zu leben, zu Leben und Materie. Dadurch wurde einerseits die Welt der materiellen Gegenstände hervorgebracht, andererseits sind die Sinnesorgane daraus entstanden. Leben und Materie gehen nun eine Wechselbeziehung und Wechselwirkung ein, weil *Prana*, das Prinzip der Lebenskraft in der Natur, auf den Plan tritt. Prana spielt im Yoga eine wichtige Rolle. Diese dynamische Kraft muß durch das Verständnis des Organaufbaus und der Gesetze der geistigen Evolution unter bewußte Kontrolle gebracht werden.

Als die Erdebene erreicht war, entstand Leben zuerst im Wasser. Prana, der Atem Gottes, wie er in der Bibel heißt, geht jeder Manifestation des Lebens in einem Organismus voraus. Prana ist es zu verdanken, daß die Lungen Sauerstoff aus der Luft aufnehmen und Kohlendioxyd ausstoßen. Unter Tod versteht man, daß Prana den Körper verläßt, der daraufhin zur Leiche wird. Sämtliche Atmungs- und Blutkreislauforgane sind im toten Körper vorhanden. Aber die Antriebskraft ist vergangen, und mit dieser Kraft zieht sich auch der Jivatman in seine feinstofflicheren Hüllen zurück. Im Yoga wird Prana – eine Art luftiger Flüssigkeit, die wie ein gelbliches Gas aussieht – sparsam ausgegeben und eher aufgespeichert.

Die ersten Entwicklungsstadien verlaufen sehr langsam, da Erde und Wasser nicht auf die höheren Schwingungen reagieren. Erst wenn *Tejas*, Glut oder Wärme, aufkommt, beschleunigt sich der Fortschritt. Wärme, Licht und Elektrizität sind die drei Formen,

YOGA

die sich nach und nach aus der ersten bilden. Im Agni-Yoga werden die Gesetze dieser Kräfte dargelegt. Agni (das Feuer) hat in der Zivilisation des Menschen eine große Rolle gespielt, und bei der Entwicklung des religiösen Bewußtseins fällt dem Feuer der Löwenanteil zu. Opfer entstanden, und eine besondere Wissenschaft religiöser Rituale und Zeremonien wurde entwickelt. Bei den Hindus in Indien und den Parsen im alten Persien war das Feuer das heilige Symbol des kosmischen Feuers Paramatman. Das *synthetische* geistige Bewußtsein der Hindus hat sämtliche späteren Entwicklungen des menschlichen Bewußtseins in den aufeinanderfolgenden Unterrassen der arischen Familie durchdrungen, wobei eine eigene analytische Fähigkeit infolge der Spezialisierung einiger Äste entstand.

In der Neuzeit sehen wir, wie das Wirtschaftswachstum mit mechanischen Erfindungen zusammenhängt, die zur Verbesserung von Transportmitteln geführt haben. Zu Land und auf dem Meer war der Dampf wegweisend. Die Eigenschaften der Wärme und des Lichts wurden ergründet, und in jüngerer Zeit hat die Entdeckung der Elektrizität alle anderen Arten der Licht- und Krafterzeugung abgelöst. Die Verbesserungen bei der Anwendung der Elektrizität als Kraftquelle fallen mit der Entwicklung der Luftfahrt zusammen. Dies ist ein weiteres Stadium in der Evolution des menschlichen Bewußtseins, das mit Kenntnissen über die Verwendungsmöglichkeiten der Luft einhergeht. Die gegenwärtige Ebene des menschlichen Bewußtseins weist auf eine allgemeine Erweiterung der geistigen Schau und des Intellekts hin. Der Mensch hat die Schwelle der Vernunft überschritten und macht sich zum Bereich der Intuition auf. Das Erwachen des sechsten Sinnes bei einigen wenigen Menschen ist ein Zeichen dafür, daß ein neues Zeitalter nahe ist.

Aus der Sicht des Yoga bringen die fünf Tattvas oder Grundprinzipien Ergebnisse in Siebenjahreszyklen hervor, die man Kombinationen nennt. Die drei *Gunas* – Zustände der Materie –

gehen in diese Kombinationen mit ein und erzeugen praktische Resultate. Wärme, kombiniert mit Luft, erzeugt drei Grade oder Stadien des Bewußtseins. *Vayu-Yoga*, die Lehre der Luft, dämmert gerade dem erfinderischen menschlichen Geist. Die Elektrizität, Chemikalien und die Luftfahrt bilden die drei großen Stützen des heutigen wissenschaftlichen Fortschritts. Bevor wir uns in den Bereich der Zukunftspläne begeben, ist es nur angemessen, auf einige yogische Errungenschaften hinzuweisen, die aufzeigen, welche großartigen Expansionsmöglichkeiten bestehen.

Die schöpferische Gedankenkraft hängt von der Reinheit des Körpers und der Disziplin des Geistes ab. Versenkt sich dieser Geist in der Meditation und konzentriert sich auf eine der *Tanmatras* – Urstoffe oder feinen Elemente –, so erzeugt er die Kraft, auf deren Entsprechung in der physischen Welt einzuwirken oder sie zu formen. Vishvamitra war ein großer Rishi und Yogameister – besonders des Mantrazweiges –, der aufgrund seiner dynamischen Willenskraft eine materielle Welt hervorzubringen vermochte. Da seine Motivation jedoch von Eitelkeit gefärbt war, fehlte der Schöpfung die Unterstützung durch den göttlichen Plan, und sie verrohte. Der Weise Vishvamitra hatte sich auf das niedrigste Erdelement *Prithivi Tattva* konzentriert. Man bat ihn, es wieder in sein Urprinzip zurückzuverwandeln, und er gehorchte. Ein anderer Rishi, Agastya, entwickelte seine geistige Kraft durch Konzentration auf das Element Wasser, *Apas*. Er konnte alles Wasser aus den Meeren auflösen und wieder hervorbringen. Und der große Weise Vasishtha schließlich entwickelte seine geistigen Kräfte durch Konzentration auf das Licht. Er vermochte Licht zu erzeugen, das dem Sonnenlicht gleichkam. Sein heiliges Gewand erfüllte diese wunderbare Rolle.

Siddhis sind bei Propheten normal. Das heißt nicht, daß sie alle stets alle Kräfte besessen hätten. Aber im Bedarfsfall verfügten sie darüber. Jeder Prophet verwendete nur diejenigen, die seinem Zweck dienten. Krishnas größte Siddhi war, daß er sich infolge der göttlichen Macht *Maya-Shakti*, die Ishvara (dem Herrn des Universums) stets zu Gebote steht, Arjuna in seiner *Vishvarupa* oder universalen göttlichen Form zeigte. Das ist ein Symbol dafür, daß das universelle Bewußtsein unter Geisteskontrolle anwesend und die Synthese aller Bewußtseinsstadien im Evolutionsplan vorgesehen ist. Der Meister Jesus vollbrachte eine ganze Reihe sogenannter Wunder, als er Kranke heilte, Blinde sehend machte und Tote wiederauferstehen ließ. Die echten darunter waren die Folge niederer Siddhis, die ihm wegen der Reinheit seines Lebens zu eigen waren. Seine Auffahrt als Sohn Gottes war eine Siddhi höherer Ordnung. Im Sinne eines unnatürlichen Ereignisses in der Natur gibt es keine Wunder. Die seltsamen Begebenheiten, die man Wunder nennt, stimmen mit höheren Gesetzen überein, von denen der Durchschnittsmensch nichts weiß.

Wenden wir uns historischen Zeiten zu, dann finden wir vor etwa tausend Jahren eine illustre Schar von neun Yogis, die strahlend am indischen Horizont aufgingen. Sie waren alle mächtige Adepten, die unter der persönlichen Leitung Dattatreyas geschult worden waren. Sie alle besaßen die übersinnlichen Kräfte – Siddhis –, die in den *Yoga-Sutras* des Patanjali beschrieben sind, und setzten sie zum Wohl der Welt ein. Gleich danach ist Guru Gorakh Nath zu erwähnen, der Begründer des yogischen Ordens *Nath-Patha*, der die anderen in den Schatten stellte und sogar seinen physischen Körper unverletzbar machte. Er lebt heute noch in seinem alten, verbrauchten Körper zuoberst auf dem heiligen Berg Girnar und besucht heilige Stätten in seiner yogischen geistigen Hülle, während er seinen physischen Körper in der Höhle zurückläßt. Alle diese Yogis waren fromm und weise.

Das Telefon verbindet Luft mit Licht – Tejas. Beim Radio geht man einen Schritt weiter und zapft die unendlichen Weiten des Raumes – Akasha – dadurch an, daß der elektrische Apparat auf die starken ätherischen Wellen in den höheren Luftschichten abgestimmt ist.

DAS DRITTE AUGE

Die Verbindung der drei höheren Tattvas, nämlich von Licht, Luft und Äther, d. h. Tejas, Vayu und Akasha, kennzeichnet den Beginn eines neuen Zeitalters. Damit wird der sechste Sinn oder das höhere Bewußtsein erweckt, das sich beim Menschen in der Gabe der Intuition – *Buddhi* – äußert. Das Fernsehen ist Vorbote dieses Zeitalters im Bereich der Wissenschaft, dem im Yoga die Gabe der erhöhten Hellsicht entspricht. Unter Adepten und Meistern werden Telephonie (Fernsprechen), Telepathie (Gedankenübertragung) und Television (Fernsehen) schon lange angewendet. In Bälde werden sie allgemein größere Anerkennung finden, und manche Menschen werden von Natur aus mit diesen Gaben ausgestattet sein. Breitet sich das Wissen um diese höheren Kräfte des Menschen aus, dann wird auch die Möglichkeit einer noch größeren Erweiterung der geistigen Schau und des Bewußtseins heraufdämmern. Die sogenannten unsichtbaren und ungesehenen Welten werden eine immer größere Rolle im menschlichen Leben spielen und zur Einheit des Lebens führen. Gesetz und Harmonie werden die Begleiter der Menschen werden, die bereit sind, die Wahrheit zu erkennen. Dadurch werden die Schönheit und Größe des göttlichen Planes offenbar. Und somit werden die Wahrheiten der Wissenschaft und Philosophie bestätigt werden.

Im Yoga wird von allen erwartet, daß sie ihr Leben einem Plan zufolge leben und den Plan des Universums anerkennen, in dem sie leben. Der Mensch ist ein organisches Ganzes mit Körper, Geist und Seele, die in vollkommener Harmonie zum allgemeinen Wohl zusammenarbeiten. Sein höchstes Hilfsmittel ist Buddhi, die Intuition, in welcher das göttliche Licht erstrahlt. Er braucht nicht von äußeren Gegenständen abhängig zu sein, die nicht zu ihm als Purusha (Seele) gehören. Er ist ein Purusha, weil er in einem Organismus wohnt und herrscht. Wenn er sich nach innen wendet, lernt er seine Macht, Weisheit und Herrlichkeit immer besser kennen.

YOGA

Das zentrale Nervensystem mit seinem Sympathikus (autonomen Nervensystem) wird empfindsamer. Alle intelligenten Menschen sollten sich Selbsthilfe und Selbstvertrauen zur Gewohnheit machen. Danach sollen sie im ganzen Organismus innere Sicherheit und Ausgeglichenheit herstellen, indem sie dazu die Hauptregel der Mäßigung in der Ernährung, Rede, Arbeit und Ruhe befolgen – einen Schlüssel, den der Yoga allen anbietet, die nach Wohlstand und Erfolg trachten. Als Ausgleich zum heutigen körperlichen Streß und der nervösen Anspannung infolge der Öffnung des Solarplexus tut es not, den höherliegenden Zentren des Herzens und Kopfes – Anahata und Ajna – mehr Aufmerksamkeit zu widmen. Dadurch werden Liebe, Hingabe, Harmonie und Einsichten in die geistigen Werte des Lebens entwickelt. Soll der Geist in Frieden und Gleichgewicht – *Sattva* – arbeiten, muß der physische Körper zu regelmäßiger Arbeit geschult werden. Unregelmäßige und unsystematische Körperbewegungen erzeugen Verwirrung in der mentalen und emotionalen Welt. Diese reagieren ihrerseits dadurch auf die Körpermaschine, daß sie eine noch größere Verwirrung hervorrufen. Es ist somit notwendig, die beiden Werkzeuge – den physischen und mentalen Körper – in Richtung auf Sparsamkeit und Effizienz zu lenken und zu schulen.

Geist und Prana sind lebenswichtige Faktoren der menschlichen Evolution. Yoga beginnt mit der Körpertechnik jener Haltung oder Asana, die einerseits der rhythmischen Atmung und Wirksamkeit des Prana am zuträglichsten ist und andererseits die richtige Konzentration des Geistes zuläßt. Für die Meditation werden die Haltungen *Padmasana*, die Lotushaltung, sowie *Siddhasana*, die „vollkommene Haltung", empfohlen. Diese bringen den Menschen direkt mit den geistigen Strömen der höheren Schwingungen des Äthers in Berührung, indem das untere Ende des Körpers mit dem negativen Pol der Erde, der Scheitel aber mit dem positiven Pol des Äthers verbunden wird. Das macht ihn zu einem Dynamo zur Erzeugung geistiger Elektrizität.

DAS DRITTE AUGE

Der Sitz auf dem Boden wird in der Bhagavad-Gita so beschrieben, daß auf eine Grasschicht ein Fell und darüber ein Seidentuch gelegt werden soll. Dadurch wird der Körper zu einem guten Leiter höherer elektrischer Ströme, und schlechte Einflüsse werden abgewehrt. Andere Körperhaltungen werden als ganzes System einer höchst heilsamen Körperkultur empfohlen, die jeden Muskel beachtet und Unreinheiten des Blutes beseitigt. In den Asanas tritt das Wissen um die Naturreiche zutage, und Eigenheiten von Vögeln und Tieren werden einbezogen, die ein Mitglied des Menschenreiches ererbt, jedoch vergessen hat. Diese werden ihm dienstbar gemacht, damit er aus seinem Körper ein leistungsfähiges Instrument zur Höherentwicklung formt.

Steht der Mensch auf dem Kopf, so stellt er einen Baum dar; die Hände und Füße sind die Äste daran. Manche Haltungen haben Vogel- oder Tiernamen und ahmen deren körperliche Eigenheiten nach. Der Fisch, die Schlange, die Schildkröte, der Hahn, der Pfau und der Löwe stechen dabei unter anderen hervor. Manche Haltungen sind nach großen Rishis und Yogis benannt, die ihre Spuren in der Praxis des Yoga hinterlassen haben. Darunter sind vor allem Vasishtha, Vishvamitra, Gheranda, Kapila, Matsyendra und Jalandhara zu nennen. Die Asanas dienen einem doppelten Zweck: einerseits dem Erlangen eines starken, gesunden Körpers, andererseits sind sie jedoch auch eine radikale Kur gegen schwerere Leiden des Verdauungs-, Atmungs-, Ausscheidungs- und Nervensystems. In diesen Fällen ist es für Neophyten empfehlenswert, sich von jemandem beraten zu lassen, der sich auskennt und ein speziell für ihn abgestimmtes Programm zusammenstellen kann.

Der nächste Schritt besteht darin, durch den Vorgang der Atmung die Atemwege frei zu machen sowie Lungen und Herz rhythmisch arbeiten zu lassen. Prana ist das lebendige Element der Luft, die ihrerseits für den Menschen lebenserhaltend ist. *Pranayama* ist ein lebenswichtiger Zweig des Yoga, da der Mensch dadurch seine Atmung kontrollieren und regulieren lernt, was wiederum eine Hilfe zur Geisteskontrolle ist. Die für den Aspiranten – *Sadhaka* – festgelegten Vorstufen dienen der Reinigung von Körper und Geist. Die Reinigung besteht in der Aufnahme sauberer, frischer Nahrung, reinen Wassers und sauberer Luft, im Reinhalten des Körpers und Sauberkeit der Kleidung und Wohnung sowie deren Umgebung.

Die Nahrung ist eine direkte Hilfe beim Aufbau von Gesundheit und Stärke des physischen und mentalen Körpers. Nahrungsexperten teilen Nahrungsmittel in vier Gruppen ein: Obst, Gemüse, gemischte Nahrungsmittel und Fleisch. In der Bhagavad-Gita werden sie den drei Prakriti-Eigenschaften Sattva, Rajas und Tamas gemäß in drei Gruppen eingeteilt. Will der Mensch Fortschritte im Yoga erzielen, sollte er darauf achten, daß Qualität und Menge der Nahrungsmittel ihm zur größtmöglichen Kraft und Beweglichkeit verhelfen und der Verfeinerung und Entwicklung der feinstofflicheren Körper dienen. Am besten ist die Nahrung, die die edleren Eigenschaften des Kopfes und Herzens fördert.

Der nächste Schritt besteht darin, ablenkende und zerstörerische Gedanken auszuschalten. Rhythmisches Atmen in gleichbleibender Haltung erzeugt Harmonie in der mentalen Welt. In diesem Zusammenhang wird dem Sadhaka (Anfänger) empfohlen, sich bei einem Lehrer ein bestimmtes Pranayama-Programm maßschneidern zu lassen. Schwierige Kumbhaka-Pranayama-Übungen nach Anleitungen in Büchern auszuführen ist gefährlich. *Kumbhaka* heißt, die Luft eine Weile anzuhalten oder auszuschließen, ohne sie wie gewöhnlich durch die Nase ein- und ausströmen zu lassen. Für den Suchenden ist eine stete Willensanstrengung nötig, wenn er sein Herz einmal dem Ideal der vollkommenen Befreiung verschrieben hat.

Im Yoga wird der Mensch nicht durch Vorgaukelung von allerlei Idealen getäuscht, sondern er soll sein eigenes Ideal auf dem natürlichen Evolutionspfad finden. Der Mensch soll sich in *Svarupa*, seinem wahren Wesen, selbst finden, d. h. seine

Göttlichkeit – Atman – für sich selbst erkennen und empfinden. Dies bestätigt die Schlußfolgerungen der Wissenschaft und Psychologie sowie die Erfahrungen der Mystik. Es begünstigt die Erforschung noch unerforschter Gebiete der spirituellen Psychologie und des Okkultismus. Es ist mit der göttlichen Weisheit *Jnana* sowie der reinen Hingabe *Bhakti* befreundet. Es unterstreicht *Purushartha,* die Notwendigkeit einer spezifischen systematischen Bemühung auf ein Ziel hin.

Daher heißen die drei wichtigen Befreiungswege alle gleichermaßen Yoga: Karma-Yoga, Bhakti-Yoga und Jnana-Yoga. Raja- oder der eigentliche Yoga gleicht eher Jnana- als Bhakti- oder Karma-Yoga. Jeder dieser drei Wege hat seine Eigenheiten und einige Gemeinsamkeiten mit den anderen. Gemeinsam ist ihnen Dhyana, die Meditation. Meditation ist das Herz und die Seele des Yoga. Sie ist der wichtigste Schritt, der zu Samadhi – dem Überbewußtsein – führt und den Schüler dahingehend fördert. Sie ist in jedem Glauben und jeder Philosophie bekannt. Sie ist das stärkste Mittel, um die Kommunikation zwischen dem Menschen und den höheren Welten sowie zwischen zwei Seelen herzustellen.

Die Gegebenheiten des neuen Zeitalters erfordern die Verfeinerung und Entwicklung der beiden lebenswichtigen Chakras des Herzens und Kopfes – Anahata und Ajna. Anahata bedeutet Klang, der erzeugt wird, ohne daß zwei Gegenstände miteinander in Berührung kommen. Es ist der natürliche Klang des Prana, der rhythmisch durch den Herzlotus fließt, wird jedoch vom Durchschnittsmenschen nicht gehört. Seine Musik hören Yogis, die dieses Zentrum durch unablässige Übung geöffnet haben. Dasselbe erreicht man durch die stille Wiederholung eines machtvollen Mantras, vorzugsweise des *Gayatri*-Mantras. Manche verwenden statt dessen das heilige Symbol AUM.

In diesem Zusammenhang ist es bestimmt nützlich, etwas über die Bedeutung der Worte und Sprache zu erfahren. Die sechs

YOGA

Chakras oder Energiezentren sehen jeder wie ein Lotus mit einer bestimmten Anzahl von Blütenblättern aus, denen bestimmte Buchstaben des Sanskritalphabetes entsprechen. Die Anzahl der Blütenblätter steigt vom Muladhara- oder Wurzelchakra mit vier bis zum Vishuddha-Chakra oder Kehlzentrum mit sechzehn Blütenblättern an. Das sechste, das Kopfchakra, weist nur zwei Blütenblätter auf. Das ergibt insgesamt fünfzig und entspricht der Anzahl aller Noten im indischen Musiksystem – *Shabda-Brahman*. Das Sanskritalphabet fußt auf der Lehre der Klänge und ihrer Bedeutung. Jeder Buchstabe hat zusätzlich zu seiner allgemeinen Funktion als Teil von Wortbildungen eine besondere Bedeutung. Die Sanskritgrammatik ist eine vollständige Wissenschaft für sich. *Mantra-Shastra*, die Lehre der schöpferischen Worte, ist ein wichtiger Zweig des Yoga.

Ein *Mantra* ist eine Anordnung von Silben, die nach der Beziehung zwischen ihnen und ihrer Bedeutung aufgebaut sind. Sanskritmantras enthalten die Macht, die damit beschworenen Formen hervorzubringen, da die Worte eine genaue Darstellung der Kräfte sind, die sie zum Ausdruck bringen. AUM ist das A und O aller schöpferischen Kräfte. Es ist der Anfang und das Ende des Universums der Form und des Bewußtseins. Es ist das Symbol, das Gott, *Ishvara*, am nächsten kommt. Vor und nach Dhyana, der Meditation, ein AUM erklingen zu lassen zeitigt wunderbare Ergebnisse. Erstens werden die Schwingungen der drei Körper harmonisch aufeinander abgestimmt. Zweitens erreichen äußere Geräusche den Geist nicht mehr, auch wenn sie bis zum Trommelfell gelangen, und sie können daher den inneren Frieden nicht stören. Der Geist konzentriert sich leichter auf den Gegenstand der Meditation.

AUM nimmt in allen großen Religionen seinen Platz ein. Das *Amen* der Christen und *Ameen* der Muslime sind leichte Abwandlungen dieser heiligen Silbe. Alle Rishis und Meister haben sie verwendet und daraus die unmittelbare Kenntnis der höheren Ebenen zum Wohl der Welt erlangt. Übersinnliche Kräfte werden bald verbreiteter sein als heute. Es ist notwendig, daß intelligente Menschen wissen, worin sie bestehen und wie sie nutzbringend eingesetzt werden. Es ist gefährlich, zu versuchen, eines oder mehrere der niederen Chakras ohne die nötige Läuterung der Hüllen zu wecken. Ebenso gefährlich ist es, sich nicht um übersinnliche Kräfte zu kümmern, die sich entweder als Geschenk aus der Vergangenheit ergeben, erblich bedingt oder Folge der Meditation sind. Die ersten drei Chakras, das Muladhara, Svadhishthana- und Manipura-Chakra, stellen die niedere Natur des Menschen dar. Die höheren drei, das Anahata-, Vishuddha- und Ajna-Chakra, stellen das spirituelle Wesen des Menschen dar. Ein heiliges Mantra vor und nach der Meditation zu singen führt zur Kontrolle über die unteren drei Zentren und berührt die höheren drei.

Der Klang unmanifestierter Schwingungen beginnt im Nabel. Wenn der Solarplexus geläutert ist, wird der feinstoffliche Klang – *Nada* – gereinigt. Dieser „unhörbare Ton" *Paravak* ist die Basis des artikulierten Lautes oder Wortes. Daher ist es bei den hochstehenden Sadhakas üblich, vor dem *Japa* oder Mantrasingen den Nabel zu berühren. Dasjenige Chakra, das bei sämtlichen Mundbewegungen einschließlich des Essens und Redens beteiligt ist, ist das Kehlzentrum. In jüngster Zeit wurde die Aufmerksamkeit der Ärzte auf die Schilddrüse gelenkt. Sie hat mit den beiden wichtigen Funktionen des Sprechens und Hörens zu tun. Dieses Zentrum wird automatisch durch einfaches Mantrasingen verfeinert und geöffnet. Das Schilddrüsenzentrum ist der Ausgangspunkt der hörbaren Sprache. Man nennt es *Madhyama,* den Mittler. Die Öffnung dieses Zentrums verleiht die Macht des *Vak Siddhi,* des schöpferischen Redens und des Hellhörens.

Die Gegebenheiten des neuen Zeitalters erfordern die Verwendung dieser beiden Zentren zur Entwicklung des einzelnen und für den allgemeinen Fortschritt. Die Erforschung dieses Gebietes verspricht, fruchtbar zu sein. Der schöpferische Gedanke und das schöpferische Wort sind wertvoller als Hellhören und Hellsehen. Sich an die Konzentration des Geistes und rhythmisches Atmen zu gewöhnen bewirkt eine kraftvolle Meditation. Die wohlgelenkte geistige Energie kann dazu verwendet werden, körperliche Schwächen zu beheben und die Vitalität zu fördern.

Das Herz-Chakra ist der Sitz der Hingabe und der Liebe. Im Innern dieser Lotusblüte – *Padma* – sieht ein Bhakti-Yogi oder ein geübter Schüler seinen Herrn *Ishvara*. Dieses Chakra ist bei *Saguna-Dhyana*, der Meditation anhand eines konkreten Gegenstandes, sehr hilfreich. Das Ajna-Chakra hingegen (das mit der Zirbeldrüse zusammenhängt) ist geeigneter für *Nirguna-Dhyana*, die gegenstandslose Meditation. Das AUM ist Symbol für den höchsten Brahma und wird daher als Nirguna, gegenstandslos, betrachtet.

Die Meditation ist ein weites Feld und verdient es, ausführlich behandelt zu werden. Hier sei dazu nur gesagt, daß sie der Schlüssel ist, der die kosmischen Geheimnisse enthüllt. Sämtliche Forschungen in Wissenschaft, Psychologie und Philosophie werden künftig immer mehr von der Introspektion und Meditation abhängen als von den jetzigen Methoden. Die Wissenschaftler werden dementsprechend umlernen müssen. Sie sind bereits mit einigen der wertvollsten Eigenschaften ausgestattet, die zum Erfolg in der Forschung führen: einer scharfen Beobachtungsgabe, Konzentrationsvermögen und Ausdauer. Nun brauchen sie nur noch ihren Horizont zu erweitern und den Begriff der Wahrheit als allesdurchdringende Tatsache mitaufzunehmen.

Die Pioniere der Religion und Philosophie jedoch werden sich wissenschaftlich schulen müssen, um konkrete Ergebnisse zu erzielen. Von ihnen wird erwartet, daß sie eine gründliche Kenntnis vom Wesen des Atman (des unsterblichen Selbst) sowie der Gesetze von Ursache und Wirkung und der Wiedergeburt erlangen. Yoga ist eine Hilfe für alle Wahrheitssucher, da er Religion mit Wissenschaft verbindet. Er verhilft dem einzelnen dazu, sein eigenes *Moksha* – seine eigene Befreiung – im Samadhi zu finden. Er hilft Forschern bei ihrer Suche nach den Gesetzen der Evolution von Form und Bewußtsein und damit der Menschheit, ihren Fortschritt zu beschleunigen.

Paramatman, der höchste Geist, muß zuerst im eigenen Bewußtsein verwirklicht werden. Dann wird man auch seinen richtigen Platz im äußeren Universum finden. Samadhi ist die Vorbedingung für das Überbewußtsein, in welchem der Mensch das getrennte Egobewußtsein *Ahankara* des *Jiva* verliert und sich mit dem Logos vereint. Nach der Verwirklichung gibt es noch weitere Grade oder Stufen des Samadhi.

9

YOGA AUS WESTLICHER SICHT[1]

In den vergangenen Jahren sind verschiedentlich Gruppen von Wissenschaftlern nach Indien gereist, um das Phänomen Yoga zu untersuchen. Sie hatten sich zum Ziel gesetzt, mit Hilfe aller zur Verfügung stehenden Mittel die Körperfunktionen vor und nach der Veränderung aufzuzeichnen, die angeblich eintritt, wenn ein Yogi in einen sogenannten Trancezustand übergeht. In diesem Zustand haben Yogis oft ihre Fähigkeit der Kontrolle über ihren Herzschlag bewiesen. Es ist auch bekannt, daß sie bei einigen Anlässen ihren Herzschlag gänzlich zum Stillstand gebracht hatten, manchmal einige Minuten lang.

Ihre Fähigkeit, Sinneswahrnehmungen während starker physischer Belastungsproben zu unterdrücken, etwa beim barfüßigen Feuerlauf über glühendheiße Kohlen, ist für den westlichen Verstand nicht weniger verblüffend als die Tatsache, daß der Körper dabei keinerlei Zeichen von Gewebebeschädigung aufweist. Zu anderen scheinbar unerklärlichen Phänomenen gehört die Verlangsamung des Stoffwechsels, wobei der Körper einen dem Winterschlaf der Tiere vergleichbaren Zustand erreicht und dadurch wochenlang ohne Nahrung auskommt. Darüber hinaus

---

1) Dieser Text wurde erstmals 1960 vom Autor als Artikel in *Potential*, der Zeitschrift der Physiologischen Gesellschaft der Universität London, veröffentlicht. Er trägt sehr dazu bei, die esoterischen Weisheitslehren des Yoga in einer rationalen, für den anspruchsvollen Intellekt junger westlicher Wissenschaftler verständlichen Sprache darzustellen.

wird der Trancezustand des Samadhi des öfteren von einem außersinnlichen Wahrnehmungsvermögen begleitet.

Allerdings blieben diese wissenschaftlichen Expeditionen in den Fernen Osten zum größten Teil erfolglos, weil die meisten Yogis gar nicht mitmachen wollten. Erst als der ehrwürdige Swami Rama sich in den Westen begab, wurde der Schleier gelüftet und klinische Forschung zur Erklärung der yogischen Phänomene betrieben.

Yoga besteht darin, daß der Geist so geschult wird, daß die maximale Kontrolle über die Körperorgane erlangt wird. Viele Yogis verfügen zum Beispiel über eine außerordentliche Kontrolle ihrer Unterleibsorgane. Viele Techniken des Yoga befassen sich mit diesen physischen Aspekten. Bei anderen geht es mehr um den Bereich des Geistes selbst, zum Beispiel bei der Technik des Fokussierens.

Der erste Schritt dabei besteht darin, die Gedanken auf einen Punkt gerichtet zu halten und deren Ablenkung durch Sinneseindrücke zu vermeiden. Dies ist an sich schon nicht leicht – probieren Sie es aus! Der Yogi lernt, das Eindringen von Sinneseindrücken in das Bewußtsein zu ignorieren. Er schließt sämtliche Eindrücke aus seiner Umgebung aus – kein leichtes Unterfangen – und lenkt seinen Geist bewußt in eine bestimmte Gedankenrichtung oder vielmehr eine Gedankenleiter hinauf bis zu Ebenen einer geistigen Erfahrung, die sich so sehr von unserer gewöhnlichen mentalen Wahrnehmung unterscheiden wie Liebe von Haß auf der emotionalen oder Gase von festen Stoffen auf der physischen Ebene.

Der Yogi geht davon aus, daß er durch den vollkommenen Ausschluß seiner Sinneswahrnehmungen vom Bewußtsein die Aktivitäten anderer Teile seiner sensorischen Ausrüstung bewußtmachen kann, deren Art und Eigenschaften durch die Aktivitäten der äußeren, spezifischen Sinne überschattet werden. Ihm zufolge gibt es im Vorderhirn, im Bereich der Zirbeldrüse und in verschiedenen anderen Teilen des Gehirns besondere Zonen, die auf Impulse reagieren, die normalerweise außerhalb des gewöhnlichen sensorischen Wahrnehmungsvermögens des Menschen liegen. Er berichtet von Farbschwingungen jenseits des sichtbaren Spektrums, Farben, die er im Samadhi „sieht", und von Formen, die Licht mit einer kürzeren Wellenlänge als Ultraviolett ausstrahlen und nur von einem zur Ruhe gekommenen, fokussierten Geist wahrgenommen werden können.

Diese Erweiterungen seines Bewußtseins sind für ihn realer als die Welt aus Gas, Flüssigkeiten und festen Stoffen, die wir kennen. Deshalb nennt er den niederen Geist den Sklaven der Sinne und den „Mörder des Wirklichen". Der Yogi führt aus, daß wir lediglich zu einem Drittel wach sind, solange wir uns nur auf die von den normalen Sinneswerkzeugen aufgenommenen Eindrücke verlassen. Gleichzeitig bestätigt er, daß es nur durch bestimmte bewährte Methoden (wozu natürlich nicht die Einnahme von Meskalin gehört) auf sichere Weise möglich wird, mit übersinnlichen Eindrücken umzugehen und den Zustand des Samadhi zu erreichen.

Der kanadische Psychologe Dr. Hebb hat Experimente zum Thema des Ausschlusses äußerer Sinnesreize vom Bewußtsein durchgeführt. Er wollte herausfinden, welche Wirkung die Isolation auf den Menschen hat, nachdem bekannt geworden war, daß Menschen, die in Flugzeugen eingeschlossen und von gewöhnlichen Sinnesreizen abgeschnitten waren, Anzeichen eines Nervenzusammenbruchs aufwiesen. Es hieß, sie hätten ihren Realitätssinn verloren, litten unter Orientierungsschwierigkeiten und halluzinierten.

Dr. Hebb führte seine Experimente mit Universitätsstudenten durch, die er deswegen ausgewählt hatte, weil sie als normal und angepaßt galten. Die Studenten wurden in kleine Kammern eingeschlossen, mit Nahrung versorgt und konnten auf ihre Bitte hin zur Toilette – aber sonst taten sie nichts. Sie trugen Milchglasbrillen, die das klare Sehen unmöglich machten. In den Ohren hatten sie Schaumstoffkissen mit kleinen eingebauten Lautsprechern, damit sie Mitteilungen hören konnten. Über ein in der Nähe aufgehängtes Mikrofon konnten sie antworten. Sie trugen Handschuhe, und Pappmanschetten bedeckten die Arme, um die taktilen Sinnesreize auszuschließen. Die Ergebnisse waren umwerfend.

Die Teilnehmer verloren nach und nach die Fähigkeit, die einfachsten Probleme zu lösen (dem Yoga zufolge eine niedere mentale Fähigkeit). Sie klagten über Konzentrationsprobleme (eine Eigenschaft, die Yoga mit Nachdruck als Übung betreibt, wenn die Sinne zur Ruhe gekommen sind). Diese Beeinträchtigung hielt noch einige Stunden an, nachdem die Studenten aus ihren Kammern entlassen worden waren. Einige darunter berichteten über lebhafte, in der Regel visuelle, gelegentlich jedoch auch akustische Halluzinationen.

Die nachdrückliche Hinwendung des Yogi zur Meditation verhindert den Verlust der Kontrolle in Zeiten der Isolation, und es ist ziemlich offensichtlich, daß sowohl der Einsiedler wie der Mönch darauf abzielen, die Bedingungen der Abgeschiedenheit als Gelegenheit zur Meditation zu erlangen.

Es wurde schon oft versucht, den Zustand des Samadhi auf Hypoglykämie, eine Überempfindlichkeit auf Insulin, auf Epilepsie, auf eine Störung des Kalziumhaushalts oder ähnliches zurückzuführen, wobei man vermutete, die Ernährung des Yogi hänge irgendwie damit zusammen. Yogis sind strikte Vegetarier und fasten häufig über lange Zeitspannen. Obwohl im Yoga die außerordentliche Wichtigkeit der endokrinen Drüsen betont wird (und alle Krankheiten auf die eine oder andere ihrer Fehlfunktionen zurückgeführt werden), sagt der Yogi, Samadhi entstehe, wenn überhaupt, dann aus dem vollkommenen Zusammenspiel und Gleichgewicht dieser Drüsen und nicht aus Störungen des Gehirns und Körpers, wie sie beispielsweise durch epileptische Anfälle hervorgerufen werden.

Außerdem hält der Yogi den Westen für nahezu unwissend, was die Bedeutung des richtigen Einsatzes unserer Atmungsorgane betrifft. Bei jedem wichtigen Schritt in Richtung Selbstkontrolle, Beruhigung der Gedanken, perfekter Gesundheit und Samadhi betont der Yogi, wie wichtig es ist, wie und wann zu atmen sei. Er betrachtet die Lungenkapazität von fünf oder sechs Litern nicht als bloße Fluchtreserve. Daß kein Sauerstoff im Körper gespeichert wird, dem stimmt der Yogi zu. Aber es gibt einen weitaus vitaleren, elektrischen Faktor in der Atmosphäre, und dieser kann und wird durch den korrekt atmenden Körper gespeichert. An diesem Postulat des Yoga, es gebe eine vitale, der modernen Wissenschaft bis heute unbekannte Energie, knüpfen die Grundprinzipien, die Philosophie und die Phänomene des Yoga an.

Im Yoga werden die Gesetze dieser Phänomene und Bewußtseinsstadien deutlich erklärt. Unglücklicherweise sind diese Erklärungen für die fernöstliche Denkweise bestimmt, und jeder Versuch, sie in westlichen Begriffen wiederzugeben, wirkt sich einschränkend auf das Verständnis der darin behandelten Feinheiten aus. Dem Yoga zufolge existiert so etwas wie ein Vakuum nicht. Der gesamte Raum innerhalb und außerhalb der Grenzen unseres Planeten und Sonnensystems ist mit etwas angefüllt. Dieses „Etwas" ist für den Yogi ganz real.

Tatsächlich handelt es sich um einen Stoff „feinstofflicher" Art, der im Vergleich zu Gas genauso fein und ungreifbar ist wie Gas im Vergleich mit festen Stoffen. Dieser feinstoffliche Stoff, dessen Ladung zur Hauptsache neutral ist, durchdringt und füllt den gesamten Raum und fließt sogar durch die weiten offenen Räume innerhalb des Atoms. Es handelt sich um eine Grundsubstanz, ein Material oder Mittel, aus dem sich alle Elemente ableiten und dank der die physikalischen Kräfte der Wärme und des Lichts sich auswirken können.

DAS DRITTE AUGE

Im Westen wurden vergleichbare Behauptungen von mehreren Wissenschaftlern aufgestellt, und einer von ihnen, Sir Oliver Lodge (mit seinem Buch *Ether and Reality*) ist besonders erwähnenswert. Nennen wir diesen feinstofflichen oder Grundstoff einmal *Äther*. Den Yogis zufolge gibt es im Bereich der Erde (und ebenso im Bereich anderer Planeten) eine stärkere Konzentration sowie verschiedene Kombinationsstadien des Äthers, die *Partikel* bilden (die Yogis nennen sie *Wirbel*). Ihre Masse liegt zwischen dem Elektron und dem Wasserstoffatom. Nicht nur ist der Äther im Bereich der Planeten konzentrierter, wobei er die verschiedenen Kombinationen an festen, flüssigen und gasförmigen Körpern durchdringt, sondern im Aufbau der Pflanzen, Menschen und Tiere kommt er in sogar noch weitaus konzentrierterer Form vor.

Ein ganzes Netz ätherischer Partikel, die ein dynamisches Gleichgewicht bilden, liegt dem Gewebe des menschlichen Körpers zugrunde. Man kann diesem ätherischen Netz jedoch schwer zu Leibe rücken, da es (in seinen dichtesten Formen) eng mit dem lebendigen Gewebe verbunden ist und sich unter dem Skalpell des Chirurgen schnell auflösen würde. Im Yoga jedoch wird bestätigt, daß es dieses Netz gibt und daß es insgesamt als Vermittler für die Energieaufnahme aus der Sonne und der Atmosphäre (besonders wenn diese negativ ionisiert ist) wirkt.

Dieses sogenannte Netz ist eine Art Empfangs- und Übertragungsstation für die Lebenskraft, die sich stark von dem unterscheidet, was man im Westen brennbare Energie nennt. Diese allem zugrundeliegende ätherische Substanz überträgt Lebenskraft (die den Unterschied zwischen lebendigem und totem Gewebe ausmacht) in die Gewebe des Körpers, wie sie uns bekannt sind. Sie arbeitet als einheitliches Ganzes, als ein allesdurchdringendes Element. Sie spielt eine wichtige Rolle bei der Entstehung und Entwicklung des Embryos, beim Nachwachsen von Gliedmaßen bei einfachen Wirbellosen und von beschädigtem Nerven- (und anderem) Gewebe beim Menschen.

YOGA AUS WESTLICHER SICHT

Das ätherische Netz oder der ätherische Körper befindet sich innerhalb einer Aureole aus ultraviolettem Licht und arbeitet nach klar definierten Gesetzen, welche den Yogis bekannt sind. Veränderungen seines Gleichgewichts werden augenblicklich im zugehörigen Körper aus Gas, Flüssigkeit und festen Stoffen reflektiert. Ionen sind das gröbste (dichteste) Stadium des ätherischen Stoffes. Die Yogis sagen, Schmerz und Empfindungen des gasförmigen, flüssigen und festen Körpers würden im ätherischen Teil des Körpers registriert; sie sagen auch, es sei möglich, den ätherischen Teil aus seiner dichteren physischen Entsprechung durch Drogen und Betäubungsmittel herauszulösen, ebenso im Schlaf und im Zustand des Samadhi.

Die Techniken des Yoga zur Loslösung des Bewußtseins durch Herauslösen des ätherischen Körpers aus der Bindung an den physischen Körper sind bekannt. Mit Hypnose erzielt man die gleichen Resultate durch eine andere Technik. Im Yoga jedoch wird die eigene Individualität keinem anderen preisgegeben, man verliert das Bewußtsein nicht, sondern es findet nur die Loslösung des ätherischen Körpers aus seinem materielleren Ebenbild statt. An dieser Stelle lassen wir die umfangreichen Lehren des Yoga beiseite und befassen uns mit dem mageren, aber zunehmenden Beweismaterial für die Existenz des ätherischen Körpers.

Dabei kommt einem das kurz vor dem ersten Weltkrieg erschienene Buch Dr. Walter Kilners *The Human Atmosphere* (Die menschliche Atmosphäre) in den Sinn. Dr. Kilner experimentierte mit den Wirkungen der Netzhautsensibilisierung des menschlichen Auges für ultraviolettes Licht. Er war Leiter der Abteilung Elektrodiagnostik des Krankenhauses St. Thomas in London. Eines Tages bemerkte er bei schwacher Beleuchtung eine Art atmosphärischer Strahlung, die seine Patienten umgab oder „bekleidete". Er führte verschiedene Tests durch, um sicherzugehen, daß es sich nicht nur um Halluzinationen handelte, aber nach mehreren erfolglosen Versuchen, diese Atmosphäre oder Aura mit Hitze, Magnetismus usw. zu zerstreuen, stellte er fest, daß dieses Phänomen den Körper seiner Patienten nicht nur umgab, sondern auch durchdrang.

Die wolkenähnliche Substanz schien Lichtwellen am violetten Ende des Farbspektrums zu reflektieren. Durch die Einfärbung von Glasfiltern mit dem blauen Farbstoff Dicyanin war Dr. Kilner in der Lage, die Netzhaut für violettes Licht zu sensibilisieren. Diese Filter, zusammen mit einem entsprechend schwach ausgeleuchteten Hintergrund, führten zu einer vermehrten Reaktion der Stäbchenzellen am Rand der Netzhaut. Die Ergebnisse waren zuerst ermutigend – etwa 380 von 400 Menschen, die seine Filter testeten, nahmen das Phänomen tatsächlich wahr.

Die allesdurchdringende Substanz nahm bei blühender Gesundheit gewisse Muster und Formen an, veränderte sich jedoch bei Krankheit. Allein durch das Studium der Muster konnte Dr. Kilner bestimmte Krankheiten und Karzinome erkennen. Offenbar waren ihm die entsprechenden östlichen Yogalehren zur menschlichen Aura und zum Ätherkörper nicht bekannt. Der erste Weltkrieg setzte seinen Untersuchungen ein vorläufiges Ende, und da die Farbstoffe aus Deutschland nicht mehr bezogen werden konnten, kam man vor seinem Ableben nicht mehr viel weiter.

Später demonstrierten Forschungsarbeiten von George de la Warr aus Oxford, daß dieser und weitere Aspekte dieser Untersuchung fotografiert werden konnten.[2] Zu Beginn der siebziger Jahre reiste Swami Rama nach Nordamerika, um dort aufsehenerregende klinische Beweise zahlreicher yogischer Phänomene zu liefern.

Mein Freund Swami Rama, der heutzutage wahrscheinlich weltbekannteste Yogi, war damals auf dem Weg in die Vereinigten Staaten bei mir zu Gast. Er zeigte mir eine Liste verschiedener

---

2) de la Warr, George: *New Worlds Beyond the Atom.*

YOGA AUS WESTLICHER SICHT

physiologischer Phänomene, die er in der Menninger Medical Foundation in Topeka (Kansas) vorführen wollte. Es war umwerfend! Er bot sich als „Versuchskaninchen" für Untersuchungen unter wissenschaftlichen Testbedingungen verschiedener Meisterstücke der Körperkontrolle an, von denen ich einige bereits früher miterlebt hatte.

Seine Reise nach Nordamerika gehört inzwischen zur Geschichte der Medizin. Was er in der Menninger Foundation vorführte, war richtungsweisend für die Entstehung einer völlig neuen Form der Medizin, des heutigen *Biofeedbacks*. Die heutigen Medizinstudenten lesen Fachbücher, in denen Swami Ramas erstaunliche Leistungen festgehalten sind.

Hier will ich kurz einige der Dinge beschreiben, die Swami Rama unter Versuchsbedingungen, oft vor einer ganzen Ärztegruppe, vorführte:

Er konnte die Temperatur eines einzelnen Körperteils weit höher ansteigen lassen als diejenige des restlichen Körpers – obwohl jeder weiß, daß der Mensch „homöotherm" ist, d. h. eine gleichmäßige Körpertemperatur von etwa 37 Grad Celsius hat. Der Autor selbst erinnert sich daran, wie Swami Rama einmal die Fähigkeit demonstrierte, ein Bein so kalt und eisig wie das einer Leiche werden zu lassen, während das andere rot und infolge des Blutandrangs geschwollen war.

Swami Rama konnte seinen Blutdruck nach Belieben erhöhen oder senken. Daraus hat man psychologische Methoden entwickelt, bei denen Menschen, die unter Bluthochdruck leiden, mittels spezieller Instrumente beobachten, welches ihrer Verhaltensmuster den Blutdruck zum Ansteigen oder Absinken bringt. Dank dieser Biofeedback-Methode können Patienten lernen, ihren Blutdruck willkürlich zu erhöhen oder zu senken. Der Vorteil dieser neuen Therapie ist, daß man sich den Einsatz blutdruckregulierender Medikamente erspart.

DAS DRITTE AUGE

Das Phänomen der Kontrolle des Herzschlags hat die Menschen schon immer fasziniert. Swami Rama demonstrierte die Fähigkeit, seinen Herzschlag gänzlich einzustellen, vermutlich indem er ein Herzflattern herbeiführte. Durch Einsatz anhaltender Willenskraft, kombiniert mit Atemkontrolle – was in einem Elektrokardiogramm aufgezeichnet wurde –, verminderte dieser außergewöhnliche Yogi seinen Blutfluß aus dem Herzen in einem solchen Maß, daß dem Gehirn für die Dauer von sechs oder mehr Minuten der Sauerstoff entzogen wurde. *Damit hatte er eigentlich auf Befehl willentlich den sogenannten klinischen Tod herbeigeführt!*

Die Laborassistenten, die im Nebenraum seine Herzwellen überwachten, waren so überzeugt vom „Stillstand" seines Herzens, daß sie mit einem Wiederbelebungsapparat herbeieilten, um den Swami wieder zu Bewußtsein zu bringen und seinen klinischen Tod abzuwenden. Doch fanden sie ihn bei Vollbewußtsein im ruhigen Gespräch mit den Neurophysiologieprofessoren, die die Forschungsreihe durchführten. *Er konnte also auf Wunsch seine Herzfunktionen auch wiederherstellen.*

In einer anderen Versuchsanordnung konnte er sich in ein tiefes Koma versetzen und sich im Anschluß daran trotzdem noch an Fragen erinnern, die ihm in diesem Zustand, der für den Durchschnittsmenschen normalerweise völlige Bewußtlosigkeit bedeutet, gestellt wurden.

Als die Veranstalter dieser verschiedenen Experimente ihn fragten, mit welchen anatomischen Systemen und Bahnen er arbeite, um die beschriebenen Phänomene hervorzurufen – welche Gehirnbahnen, Blutgefäße und Nerven daran beteiligt waren und wahrscheinlich auf seine geistigen Anweisungen reagierten –, teilte Swami Rama ihnen gelassen mit, die Teile, die er für diese Phänomene unter Kontrolle halte, seien bis dahin in der westlichen Anatomie noch nicht beschrieben worden. Natürlich bezog er sich hierbei auf die Chakras, Nadis und die Energiekanäle

YOGA AUS WESTLICHER SICHT

Ida, Pingala und Sushumna im ätherischen Teil des menschlichen Körpers.

Während die Beweisführung für die Existenz dieser Gebilde nur langsam vorankommt, sind ihre funktionellen Möglichkeiten durch die im Yoga vollbrachten Leistungen doch wohlbekannt und gehören im Westen mittlerweile zum Alltäglichen.

Die Yogis selbst jedoch betrachten die oben beschriebenen Phänomene als die unbedeutendsten Aspekte des Yoga. Sie unterziehen sich einer ungeheuren körperlichen, geistigen und seelischen Disziplin, um den Zustand des Samadhi zu erlangen. Ähnlich wie die Heiligen im Christentum im „Zustand der Gnade" oder die mystischen Anhänger des Zarathustra, Buddha, Mohammed und zahlloser anderer Meister von Polynesien bis Stonehenge beschreiben sie Samadhi als einen Zustand außergewöhnlicher Ekstase, in dem sie eine Vereinigung oder ein Aufgeben ihres Bewußtseins der gewöhnlichen, dreidimensionalen Welt zugunsten eines allumfassenden Bewußtseins erleben.

In diesem hohen Zustand des spirituellen Bewußtseins erstrahlt der Deckstein des Menschen im Glanz seines erweckten spirituellen Auges.

10

DIE CHIRURGIE UND DAS DRITTE AUGE

Die Möglichkeit, übersinnliche Bewußtseinszustände durch chirurgische Eingriffe hervorzurufen, hat Sucher nach überbewußten Erfahrungen von jeher fasziniert. Kurzzeitige Einblicke in das fünfte Reich zu erhaschen kann, wie wohl bekannt ist, durch bestimmte Medikamente und durch das Rauchen von Opium usw. erreicht werden. In einem solchen Zustand schrieb Samuel Coleridge *Kubla Khan*, das Fragment eines Epos, der den paradiesischen Zustand beschrieben hätte, den er in einem tiefen Tagtraum erlebte – wäre er nicht von einem Besucher gestört worden, der an seine Türe klopfte.

Vielfach wird angenommen, daß eine Operation übersinnliche Erfahrungen herbeiführen kann, doch niemand scheint jemals gewagt zu haben, eine Vermutung bezüglich des Ortes eines derartigen chirurgischen Eingriffs auszusprechen. Lobsang Rampas exzellente Biographie *Das dritte Auge*[1] enthält die Beschreibung einer solchen Operation. Der Autor kann aufgrund seiner über 30jährigen Forschungen im Bereich der Esoterik ohne Zögern bestätigen, daß die Beschreibung in allen wesentlichen Einzelheiten korrekt ist.

Die Operation wurde an einem noch nicht zehnjährigen tibetanischen Jungen vollzogen – wobei das jugendliche Alter ein bedeutender Faktor ist, wie wir noch feststellen werden. Sie wurde bei Sonnenuntergang begonnen, was möglicherweise

---
1) Rampa, Lobsang: *Das dritte Auge*. Goldmann Verlag, München 1980.

DIE CHIRURGIE UND DAS DRITTE AUGE

astrologische Hintergründe hatte und vielleicht sogar in Beziehung zur Wirkung des zirkadianen Rhythmus – der inneren Uhr – auf die Zirbeldrüse, die Hirnanhangdrüse und andere Gebilde des Zwischenhirns stand. Bei jeder in der Dämmerung begonnenen Handlung bilden Planeten, die im Horoskop unterhalb des Horizonts stehen, einen günstigen Aspekt für das betreffende Projekt.

Der Kopf des Jungen wurde fest zwischen den Knien eines Assistenten des Chirurgen eingeklemmt. Ein kleiner Schädelbohrer wurde in die Mitte seiner Stirn gedrückt.[2] Abgesehen von einem leichten Stechen fühlte der Junge keinen Schmerz. Sogar als der Bohrer den Schädelknochen durchbrach, empfand er nur einen leichten Druck sowie einen dumpfen Schmerz. Gleich nachdem der Knochen durchbohrt war, wurde das u-förmige Instrument so lange in der gleichen Stellung gehalten, bis ein dünnes Holzstäbchen ein Stück weit in das Bohrloch eingeführt werden konnte. Vorab hatte man das Stäbchen sorgfältig gereinigt, im Feuer gehärtet und mit einem Kräuterheilmittel überzogen.

Unter hellseherischer Leitung wurde das Stäbchen immer weiter in die Schädelhöhle eingeführt. Dabei nahm der Junge ein kribbelndes Gefühl in der Nase und eine plötzliche Verbesserung seines Geruchssinnes wahr. Er bemerkte das süß-liebliche Aroma eines unbestimmbaren Weihrauchs – dann zuckte ein greller Blitz auf. Der überwachende Lama hielt mit dem Einführen des Holzstäbchens inne, und beinahe gleichzeitig empfand der Junge die verschiedensten Farbempfindungen, ähnlich wie die typischen, visuellen Phänomene bei Drogenerfahrungen. Das metallene, u-förmige Bohrinstrument wurde herausgezogen und das Holzstäbchen tief im Gehirn belassen. Der Bohrungswinkel wird nicht näher erwähnt.

2) Die Bohrstelle ist wegen der hinter der Stirn liegenden Hirnpartien wichtig. Die klassische Stelle für die Operation liegt zwischen den Augenbrauen, aber hier scheint der Eingriff etwa drei Zentimeter über den Brauen durchgeführt worden zu sein.

DAS DRITTE AUGE

Das Holzstäbchen blieb über zwei Wochen lang fest in dieser Stellung eingebunden, und der Junge lag abgesondert in einem dunklen Raum. In dieser Zeit nahm er von Beginn an die goldene Aura wahr, die seine spirituellen Berater umgab.

Es stellt sich nun die Frage, zu welchen anatomischen Teilen man bei dieser Operation vordringt und zu welchem Zweck. Doch zuerst soll daran erinnert werden, daß Hellsehen bestimmte Veränderungen der ätherischen Gewebe beinhaltet, die den physischen Körper durchdringen, und das gröbste der ätherischen Gewebe ist das aus Ionen bestehende.

Chakras sind Kraftzentren auf der ätherischen Ebene. Sie beleben die Organe, indem sie diese mit ätherischer Energie versorgen. Die feinstofflichste dieser Energien ist die der ersten Unterebene – die Pranaenergie. Der Wirkungsgrad der Chakras hängt gewöhnlich vom Grad der spirituellen Entwicklung eines Menschen und der Gesundheit seiner grob- und feinstofflichen Hüllen ab. Generell führt die Erweckung von Chakras im Kopfbereich zu übersinnlichen Kräften. Sie werden jedoch durch Nervenströme, Ernährung, Atmung, Gefühlsenergie und geistige Aktivität in starkem Maße stimuliert, gehemmt, verlangsamt und rhythmisch oder arhythmisch verändert.

Wie bereits an anderer Stelle ausgeführt, steht jedes Hauptchakra mit einer endokrinen Drüse in Beziehung. Im Kopfbereich ist die Hirnanhangdrüse mit dem Brauen-Chakra verbunden, das selbst ein Instrument höherer Wahrnehmung ist. Ähnlich steht die Zirbeldrüse mit dem tausendblättrigen Lotus oder Kopf-Chakra in Verbindung.

Die Stelle, an der das Holzstäbchen eingelassen wird, fällt genau mit dem Punkt an der Stirn zusammen, an der das Brauen-Chakra an die Oberfläche tritt. Das kann kein Zufall sein. Die Stellung des Holzstäbchens muß einer größeren ätherischen Energiezufuhr den Weg ebnen, als normalerweise in diesem Bereich verfügbar wäre.

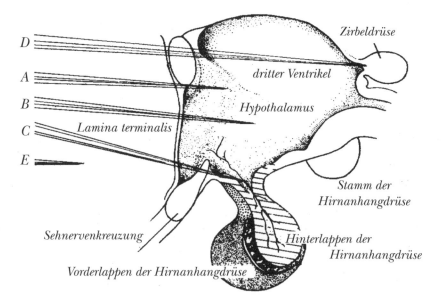

**MÖGLICHE ZIELPUNKTE BEI DER OPERATION
AM DRITTEN AUGE**

Zu A). Führt man das Holzstäbchen horizontal ein, so kann es (vom Hellseher) wohl zwischen die beiden Gehirnhemisphären auf die Vorderwand des dritten Ventrikels, die Lamina terminalis, gerichtet werden. Würde diese durchdrungen, reichte das Holzstäbchen vom Hohlraum des dritten Ventrikels bis zur Braue. Bliebe es über zwei Wochen lang dort eingebettet, in einem Bereich, in dem praktisch keine Regeneration des Gewebes stattfindet (denn Gehirngewebe erneuert sich nicht), würden die normalen Reaktionen auf einen Fremdkörper zweifelsohne dazu führen, daß sich ein Durchgang mit faserigen Wänden bildete. Nach Entfernen des Holzstäbchens würde dieser Durchgang wohl bestehenbleiben und den Zufluß von Gehirn-Rückenmarks-Flüssigkeit direkt in die Stirn ermöglichen, der sich dann mit dem Kreislauf der Rückenmarksflüssigkeit in diesem Bereich verbinden könnte. Ein nahezu unbehinderter Durchgang verbände dann den Bereich des dritten Ventrikels mit der Stirn. In diesem Zusammenhang sollte man bedenken, daß der dritte Ventrikel den „Nordpol" der magnetischen Aura darstellt, die Stelle also, an der der „Bewußtseinsfaden" verankert ist.

Zu B). Würde das Holzstäbchen leicht nach unten gerichtet eingeführt, dränge es in den Hypothalamus (das „emotionale" Gehirn) ein und erreichte einige der Zellkerne, wodurch möglicherweise die emotionale Reaktion auf die Außenwelt herabgesetzt würde. Dadurch würde die Versuchsperson für eine fokussierte Kontrolle durch das Brauen-Chakra empfänglicher.

Zu C). Bei einem steilen Winkel nach unten könnte das Holzstäbchen bis über die Kreuzung der Sehnerven hinausreichen und in die Hirnanhangdrüse oder wenigstens in ihren Stamm, den Tuber cinereum, gelangen. Diese Drüse ist die physische Entsprechung des Brauen-Chakras. Ein Durchgang zwischen den beiden würde sicherlich ungewöhnliche Resultate in der Entfaltung der Chakras bewirken und außerdem viele weitere Körperteile beeinflussen, da die Hirnanhangdrüse Hunderte von Änderungen im körperlichen und Persönlichkeitsbereich herbeiführen kann, wenn sie durch einen Tumor, Operationen, „Feedback"-Hormone oder neuronale Flüssigkeiten beeinträchtigt wird.

Zu D). Würde das Holzstäbchen tief und horizontal eingeführt, könnte seine scharfe Spitze direkt durch das dritte Ventrikel stoßen, bis in die Ausstülpung der Ventrikelwand, die wir Zirbeldrüse nennen. H. P. Blavatsky nannte diese Drüse die „Gebärmutter des Gehirns". Ein hölzerner Phallus könnte durchaus Zellen der Zirbeldrüsen in Aktion versetzen oder sie zumindest aus ihrer Verkümmerung erwecken. Die Zirbeldrüse ist natürlich die physische Entsprechung des Sahasrara-Chakras, der tausendblättrigen Lotusblüte.

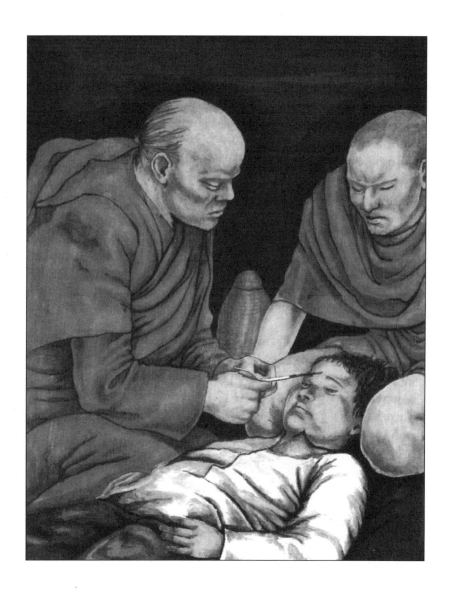

Zu E). Ein flaches Eindringen in verschiedenen Winkeln wäre wie eine winzige Leukotomie – eine Operation, die früher häufig (heutzutage glücklicherweise seltener) bei geistigen Störungen durchgeführt wurde. Dabei handelt es sich um eine kleine beidseitige Durchbohrung der Schädeldecke auf Höhe der Kranznaht, wobei die weiße Gehirnsubstanz (mit den Nervenbahnen) durchtrennt und das Stirnhirn vom Thalamus getrennt wird. Durch diese Operation wird die Aggressivität manischer Patienten stark gelindert, aber leider vegetieren sie dann ohne Intellekt und Antrieb häufig nur noch dahin. In jüngerer Zeit sorgt eine Verfeinerung der Operationstechnik für die Erhaltung der intellektuellen Fähigkeiten, wobei die beruhigende Wirkung trotzdem erzielt wird.

Man könnte versucht sein, dies als das letztendliche Ziel des Holzstäbchens anzunehmen, wobei die aggressiven, kompetitiven und trennenden Eigenschaften, die aus diesem Gehirnbereich stammen, verringert werden, bevor sie sich überhaupt in dem Jungen manifestieren. Das würde beinhalten, daß der Neophyt danach eine harte Schule esoterischer Disziplin durchlaufen müßte, um diese feindlich gesinnten Eigenschaften durch eine völlige Unabhängigkeit zu ersetzen, die die Rechte anderer nicht verletzen und erlauben würde, die Kräfte der Liebe und Weisheit angemessen zum Ausdruck zu bringen. Das ist eine Entwicklung, die den meisten Kindern in westlichen Schulsystemen vorenthalten bleibt, wo der Wettbewerb im Sport und in den schulischen Fächern gefördert wird.

Die Erwähnung der Verbesserung des Geruchssinns beim Einführen des Holzstäbchens könnte auf einen weitaus steileren Eintrittswinkel hindeuten und möglicherweise auf eine Eintrittsstelle zwischen den Augenbrauen. Es ist jedoch unwahrscheinlich, daß die Operation bilaterale Gebilde wie die beiden olfaktorischen Lappen oder die beiden Tonsillen usw. zum Ziel hatte.

Fest steht, daß die anatomische Erklärung mit einem oder mehreren der gerade beschriebenen Aspekte zusammenhängt. Mit welchem, wird noch einige Zeit ein Geheimnis der Eingeweihten bleiben. Wie jedoch bereits eingangs ausgeführt, würde sich die eigentliche Wirkung der Operation auf ätherischer Ebene in der ätherischen Matrix des Zielpunktes bemerkbar machen, welcher auch immer es sein mag.

Der Eingriff mit dem Bohrinstrument ist zweifellos möglich. Bereits im alten Ägypten bohrte man Löcher in den Schädel, um Gehirntumore zu entfernen. Lokalisiert wurde der Tumor gewöhnlich durch die hellseherischen Fähigkeiten eines Priester-Chirurgen. Untersuchungen an Mumien ergaben eindeutig, daß derartige Operationen, Trepanationen genannt, ausgeführt wurden. Vor gar nicht allzu langer Zeit kursierte das Gerücht, ein enthusiastischer Medizinstudent der Universität von San Francisco habe eine solche Operation an sich selbst vorgenommen. Er soll angeblich seinen Schädel in der gleichen Art, wie beschrieben, durchbohrt und in der gleichen Weise ein Holzstäbchen eingeführt haben. Bei meinen zahlreichen Vorlesungsreisen durch Nordamerika war es mir jedenfalls nicht möglich, eine Bestätigung für diese Geschichte zu bekommen.

In dem Fall, der von Lobsang Rampa beschrieben wurde, war der Junge nach der Operation offensichtlich in der Lage, nicht nur die Auren seiner erleuchteten Lehrer, sondern auch diejenigen seiner Mitlernenden und sogar ortsansässiger Händler wahrzunehmen. Bei den Erstgenannten sah er, wie sich die Reinheit ihres wahren Wesens in der strahlend goldenen Färbung ihrer Auren widerspiegelte. Bei letzteren sah er grau- und rotgefleckte „Geistgestalten" der Gier und Wut. Als er zuerst über das, was ihm seine neugewonnene Schau zeigte, entsetzt war, beruhigte ihn der Lama mit den Worten: „Nun bist du einer von uns … Für den Rest deines Lebens wirst du die Menschen so sehen, wie sie wirklich sind und nicht wie sie zu sein vorgeben."

DIE CHIRURGIE UND DAS DRITTE AUGE

Es war tatsächlich eine recht seltsame Erfahrung für ihn, aber am Ende konnte er nach sorgfältiger Schulung auch den Gesundheitszustand eines Menschen an den verschiedenen Ausstrahlungen seiner Aura ablesen, einschließlich vergleichsweise ernster Krankheiten wie Herzleiden usw.

11

DIE MANIFESTATION
DER KRÄFTE

Das Auftreten von Kräften, die mit dem Organ der inneren Schau zusammenhängen, sollte nicht als starrer Prozeß verstanden werden, denn die Art und Weise, in der sich das dritte Auge entfaltet, unterliegt zahllosen Faktoren.

Da ist z. B. das Karma des jeweiligen Menschen zu berücksichtigen, welches unter Umständen Tausende von Jahren und unzählige Leben zurückreicht. Manchmal wirkt sich das Karma hemmend aus, manchmal begünstigt es die Förderung höchst seltener Ausdrucksformen übernatürlicher Kräfte. Die Kräfte an sich können sehr allgemein und weit verbreitet oder aber in höchstem Grade individuell und ungewöhnlich sein.

Der Zustand der permanenten Atome ist ebenfalls ein relevanter Faktor, wie auch der Grad, in dem der Neophyt der Menschheit zu Diensten war. War er z. B. viele Leben hindurch auf dem Gebiet des Heilens tätig, so wird seine Kenntnis der Physiologie und der Anatomie des menschlichen Körpers in hohem Maße seine Fähigkeit beeinflussen, die Organe seiner Patienten mit hellseherischer Sicht zu durchleuchten. Seine Gabe, eine Diagnose zu erstellen, verwandelt sich nun in die Gabe, hellseherisch augenblicklich den Kern des körperlichen Leidens wahrzunehmen. War er in einem früheren Leben ein Anführer, ein Staatsmann, Entdecker oder General, so werden diese Qualitäten ihm eine klare Sicht des Wesens der Rassen und Unterrassen der Zu-

DIE MANIFESTATION DER KRÄFTE

kunft verleihen sowie ein Verständnis für die Qualitäten, die sich bei denjenigen in unserer gegenwärtigen Menschheit entwickeln, von denen die Unterrassen der Zukunft ausgehen sollen usw.

Ein weiterer Faktor ist die überaus bedeutende Qualität der Erziehung im jetzigen Leben. Wurden Kindheit und Jugend unter günstigen Umständen verbracht, entsteht die Fähigkeit, die Evolution der Devas und der verborgenen Hierarchien des Lebens auf unserem Planeten zu untersuchen.

Die Überschneidung und Wechselwirkung der drei aktivierten Kopfzentren führt zu einem strahlenden Licht, das unverzüglich vom Meister der „Gemeinde" registriert wird, in welcher der Schüler weilt. Der Meister nimmt nun verstärkten Anteil an seinen Aktivitäten und weist ihm Bereiche zu, in denen er sich im Dienst äußern kann. Er unterstützt den Schüler, zuerst nur innerlich, während seiner Studien, wenn es z. B. um Bücher geht, die für den Schüler lohnenswert sind, oder aber er warnt ihn, wieder innerlich, vor intellektuellen Unterfangen, die ihn zurückwerfen könnten. Häufig leistet ein Meister in der Meditation beim Ringen um die Visualisation von Gegenständen Hilfestellung, oder er teilt den Lohn zu.[1]

Der Schüler kann Zuspruch auf seinem Weg erwarten, denn es gibt Wegweiser auf seinem gewundenen Pfad:

> *Hört ohne Schrecken: im Wald verbergen*
> *ein Reh und Einhorn sich.*
> *Im Körper weilen Seele und Geist.*

Mittels verschiedener Symbole bedeutet der Meister dem Schüler, auf welches Chakra er seine Aufmerksamkeit konzentrieren soll. Tauchen im Traum Tiere mit einer Verlängerung am Kopf auf, deutet dies auf die Notwendigkeit der Bewußtseinserweiterung im Sinne eines bestimmten Chakras hin, zum Beispiel:

---

1) Baker, Douglas: *Meditation, The Theory and Practice.*

DAS DRITTE AUGE

Einhorn – Ajna-Chakra (Stirn)
Reh – Anahata-Chakra (Herz)

Beide Geschöpfe zusammen bedeuten die Übertragung der Energie vom Herzen zur Stirn.

Das Bewußtsein des Neophyten wird mit neuen Symbolen bereichert. Er wird zu Kreativität angeregt. Manchmal kleidet er seine Bildersprache sogar in Verse.

Durch ständiges Üben in einer mehr oder weniger den Empfehlungen in diesem Buch entsprechenden Art entsteht gleichsam eine Leinwand im heiligen Raum zwischen den Augenbrauen. In der Regel ist diese Leinwand ständig von einer endlosen Reihe einschränkender Gedanken besetzt, aber mit der Zeit erzeugt die Fähigkeit, den Geist zur Ruhe zu bringen und die Sinne auszuschalten, eine neutrale, leere Leinwand, auf die sich dann eine numinose spirituelle Energie der Seele ergießen kann. Am Anfang ist es diese Leinwand, später dann diejenige, die sich in den Bereich zwischen den sich überschneidenden Kopfzentren erstreckt, auf die der Meister Saatgedanken „aussät".

Diese Praxis ist in esoterischen Kreisen weit verbreitet. Auf diese Weise erfüllt der Meister Teile seines Beitrags zum göttlichen Plan für den Planeten. Er selbst dient diesem Plan und weist seinen auserwählten Schülern Teile davon zu. Dies sind die Saatgedanken, die auf der numinosen Leinwand eingeprägt werden. Wenn das persönliche Leben des Schülers kreativ und bedeutsam ist, wird es den Saatgedanken nähren, anpassen und verstärken – besonders im Sinne der in seinem Geburtshoroskop vorgezeichneten Richtung.

Wie bereits erwähnt, nannte Madame Blavatsky die Zirbeldrüse die „Gebärmutter des Gehirns". Aus anatomischer Sicht ist die Zirbeldrüse eine Ausstülpung des Reservoirs an Rückenmarksflüssigkeit, das wir den dritten Ventrikel nennen.

*Hört ohne Schrecken: im Wald verbergen
ein Reh und Einhorn sich.
Im Körper weilen Seele und Geist.*

In dieser Hinsicht ähnelt es der höhlenartigen Gebärmutter sehr. Doch gibt es auch einen esoterischen Hintergrund.

Im Uterus bildet sich jeden Mondmonat eine Auskleidung seiner Wände, das Endometrium (Gebärmutterschleimhaut). Das Endometrium ist ein völlig neues Organ, das sich aus dem Nichts zu einer außerordentlich feinen und nährstoffreichen Membran heranbildet, um das befruchtete Ei aufzunehmen. Wenn sich das Ei dort einnistet, wächst es in das Endometrium hinein und wird von ihm mit Blut versorgt. Auf diese Weise entwickelt sich der Fötus, und schließlich entsteht ein Kind, das neu in die Welt hineingeboren wird.

Nach Madame Blavatsky besitzen die Saatgedanken, die im fruchtbaren Bereich zwischen den drei Kopfzentren wachsen, das Potential, sich zu einer ausdrucksstarken Form zu entwickeln – manchmal in gigantischen Ausmaßen und ebenso gigantischen Auswirkungen auf die Evolution der Menschheit.

Man könnte also sagen, daß ein Saatgedanke, der inmitten der Kriegszustände des Krimkrieges in die empfängliche Leinwand einer Florence Nightingale eingeprägt wird, zu einer äußerst wichtigen Vorstellung heranwächst. Der Saatgedanke, Frauen sollten sich um kriegsverwundete Männer kümmern, erblüht zur Vorstellung, ein Team von Frauen sollte in die Lazarette an der Kriegsfront gehen und den Dienst dort übernehmen. Erst sehr viel später setzen sich diese Grundsätze in der Welt fest, aus denen möglicherweise Organisationen wie das Rote Kreuz entstanden sind.

Die Hierarchie der Meister hat die menschliche Evolution häufig auf diese Weise beeinflußt. Ein gutes Beispiel dafür war das Einpflanzen und Kultivieren eines Saatgedankens, der dem Menschen die Wahrheit seines Ursprungs und seiner Evolution näherbrachte. Mitte des 19. Jahrhunderts war die Wissenschaft für ein solches Wachstum des menschlichen Bewußtseins bereit, so daß

DIE MANIFESTATION DER KRÄFTE

sie eine Evolution begreifen konnte, die nicht bloß 5000 Jahre zurückreichte (wie es im Alten Testament beschrieben wird), sondern nahezu 5000 Millionen Jahre.[2]

So kam es, daß die uralte Auffassung der Evolution – die den Eingeweihten Griechenlands und Ägyptens wohlbekannt war und vom Biologen Linné sogar schon formuliert wurde – zuerst als Saatgedanke im Geist Charles Darwins, eines brillanten jungen Biologen, implantiert wurde, als er den Erdball auf der HMS „Beagle" umsegelte. Im Laufe seiner Forschungsarbeiten begann er, die *Mechanismen*, die einer Evolution zugrunde liegen, zu formulieren. Er kam jedoch mit der Konkretisierung seiner Gedanken nur sehr langsam voran.

Etwa fünfzig Kilometer entfernt vom Wohnort Charles Darwins in England lebte Alfred R. Wallace, ein Landvermesser, der vom gleichen Saatgedanken durchdrungen war. Wallace und Darwin waren einander noch nie begegnet, und keiner von beiden wußte, daß der andere an einer ganz ähnlichen Theorie arbeitete. Später erforschte Wallace viele Teilbereiche der okkulten und spiritualistischen Welt. Im Grunde genommen war er ein Esoteriker, und das wußte der englische Meister jener Zeit, der beschlossen hatte, den gleichen Saatgedanken in Wallace und Darwin zu implantieren. Später wurden die beiden miteinander bekannt, verglichen ihre Aufzeichnungen und veröffentlichten ihre Arbeiten gemeinsam; damit riefen sie die Auffassung der Evolution, wie sie heute gelehrt wird, ins Leben.

* * * * *

Jeder Mensch muß seine eigene Ausdrucksform des dritten Auges entwickeln. Wir alle setzen letztendlich unseren Deckstein wieder ein. Beim Autor lag das Hauptaugenmerk seiner Bemü-

---

2) Die Hindus geben das Alter der Erde mit 4321 Millionen Jahren an; dieses Alter entspricht der zeitgenössischen wissenschaftlichen Theorie zu diesem Thema.

hungen in den vergangenen dreißig Jahren darin, die Fähigkeit zu entwickeln, jene numinose Leinwand – den Deckstein des Menschen – freizulegen und die Bilder und Symbole, die von dem Nirmanakaya, der einst Plato war, darauf projiziert werden, klar und deutlich zu erkennen. Das meiste des in seinen zahlreichen Werken enthaltenen Wissens wurde durch die Fähigkeit gewonnen, Einwirkungen auf diesen numinosen Bereich wahrnehmen zu können.

Selbstverständlich wäre dieser Prozeß ohne Kontinuität des Bewußtseins wertlos. Die Fähigkeit, die Leinwand zu beobachten, wäre völlig nutzlos, bliebe das Bewußtsein während des Schlafes und in den Phasen der Esolepsie, den winzig kurzen Augenblicken zwischen Wachen und Schlafen oder Schlafen und Wachen, nicht erhalten. Letztendlich muß jeder Mensch diese Bewußtseinskontinuität wieder entwickeln.

Ein Meister verliert niemals das Bewußtsein. Er kann zu jeder Zeit kontaktiert werden und umgehend Antwort geben, wenn er will. Es gibt keinen Zeitpunkt, in dem er ohne Gewahrsein oder Bewußtsein wäre oder schliefe. Er ist vollkommen bewußt, und wir alle müssen letztendlich lernen, den gleichen Zustand zu erlangen.

Wir kehren daher zum selben Thema wie in den ersten Absätzen dieses Buches zurück – daß der Mensch, wie alle Formen, ein Energieakkumulator ist, jedoch ein Akkumulator besonderer Art. Einer Pyramide vergleichbar, sammelt er im Reservoir seiner Form Energien verschiedenster Art. Diese werden hauptsächlich durch seine Persönlichkeit ausgedrückt, doch gibt es einen Bereich seiner Pyramide, die dem Allerhöchsten vorbehalten ist. Das ist sein Deckstein. Während die Persönlichkeitshüllen mit einem konkreten Gebilde verglichen werden können, das dennoch Energie speichert, ist sein Deckstein von allerfeinstofflichster Art, und in ihm ist ein unbeschreibliches Licht in einer solchen Konzentration, daß es wie ein Auge wirkt.

DIE WIEDEREINSETZUNG DES DECKSTEINS

DAS DRITTE AUGE

Wer dieses Auge öffnet, verfügt möglicherweise über bedeutende Kräfte, die mit dessen gebender Eigenschaft zusammenhängen und die eigene Essenz auf eine Art und Weise auszustrahlen vermögen, die an das Horn des Einhorns erinnert. Oder der Schüler ist vollkommen aufnahmefähig, weil der Bereich seines Decksteins, der einer Gebärmutter ähnelt, einen ständigen Kommunikationsfluß in Form von Bildern und Symbolen aufzunehmen fähig ist, den er in eine Sprache zu übersetzen hat, die der Menschheit letztlich dient. Oder er verfügt über beide Merkmale, sowohl das Positive wie das Negative, das Männliche wie das Weibliche – in einem zwittrigen Gebilde, das sowohl nach außen gerichtet als auch aufnahmefähig ist. Wir sind alle existentiell verschieden, sogar in der Art unserer spirituellen Attribute.

Auch haben wir höchst unterschiedliche Ansichten über die wichtigsten spirituellen Werte. Eine umfassende, aber keinesfalls vollständige Liste dieser spirituellen Werte findet sich in Anhang 3.

Teil V

ANHANG

ANHANG 1

QUANTENEVOLUTION

Für das, was der Evolutionsforscher George G. Simpson von der Harvard-Universität als „Quantenevolution" – einen relativ explosiven Sprung in der Entwicklung der Vorfahren des heutigen Menschen – bezeichnet, gibt es überraschende Beweise. Simpson gibt zu bedenken, daß es einer starken Vorstellungskraft bedarf, um eine stille, sich über mehrere Millionen von Jahren erstreckende „Explosion" zu erfassen. Ein derartig langer Prozeß kann nur auf einer Zeitskala von Hunderten von Millionen oder Milliarden von Jahren als schnell bezeichnet werden. (Astronomen verwenden ähnliche Ausdrücke zur Beschreibung der Kollision von Galaxien.)

Ein Beispiel für die Quantenevolution ist vor etwa 25 Millionen Jahren bei Pferden eingetreten, die sich hauptsächlich von saftigen Blättern ernährten, bis ihr Überleben durch die stete Abnahme der Wälder gefährdet war, wonach sie sich an hartes, sandiges Gras gewöhnen mußten. Während viele Arten sich den neuen Bedingungen nicht anpassen konnten, da sich ihre kurzen Zähne schnell abnutzten, gelang Arten mit einem relativ hohen Prozentsatz an langzahnigen Tieren das Überleben. Der Übergang vom Blatt- zum Grasfresser, der bestimmte Veränderungen der Zahnform mit besseren Kauflächen zum Zermahlen, die Bildung eines härteren Zahnzements sowie die Verlängerung der Zähne mit sich brachte, vollzog sich aus evolutionärer Sicht außerordentlich schnell – in etwa acht bis zehn Millionen Jahren.

DAS DRITTE AUGE

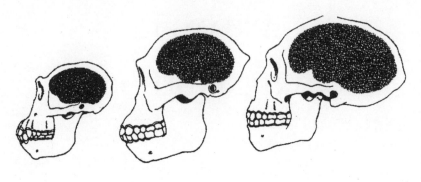

Schimpanse	*Australopithekus*	*Homo erectus*
393,8 ccm	507,9 ccm	973,7 ccm

Durchschnittliche Schädelkapazitäten; das Gehirnvolumen verdoppelt sich nahezu vom Schimpansen zum Homo erectus.

Jedoch weitaus umfassendere Veränderungen fanden in einer erheblich kürzeren Zeitspanne unter den Affenmenschen und ihren Nachkommen statt. Bei ihnen verlief die Quantenevolution mit einer bis dahin noch nie dagewesenen Vergrößerung des Gehirnvolumens bedeutend schneller. Die Schädelkapazität des Australopithekus variierte von ca. 435 bis 600 ccm, mit einem Durchschnittswert von etwa 500 ccm. Die Schädelkapazität des Homo erectus, einschließlich des Java- und Pekingmenschen und erst später entdeckter Frühmenschen, variierte in einem Bereich von ca. 775 bis nahezu 1300 ccm, mit einem Durchschnittswert von ca. 975 ccm. Der obere Teil dieses Bereichs schließt die Werte des heutigen Menschen mit ein. Dies bedeutet, daß einige Vertreter des Homo erectus schon ein größeres Gehirn hatten als viele heutige Menschen. Die Größe des Gehirns hat sich damals in zwei Millionen Jahren nahezu verdoppelt.[1]

---

1) Pfeiffer, John E.: *The Emergence of Man*. Nelson, S. 104 f.

ANHANG 2

KLASSIKER DER OKKULTEN LITERATUR

Nachfolgend einige Klassiker der okkulten alten Weisheitslehren:

Bailey, Alice[2]: *Eine Abhandlung über Kosmisches Feuer.* Verlag Lucis, Genf 1968
– *Eine Abhandlung über weiße Magie.* Verlag Lucis, Genf 1982

Besant, Annie: *Die siebenfältige Natur des Menschen.* Adyar, Satteldorf 1985

Bhagavadgita. Verlag Bauer, Freiburg, 4. Aufl. 1984

Blavatsky, H. P.: *Die Geheimlehre.* Adyar, Satteldorf, 3. Aufl. 1992
– *Die Stimme der Stille.* Adyar, Satteldorf, 1994

Collins, Mabel, Besant, Annie und Leadbeater, C. W.: *Licht auf den Pfad.* Hirthammer, München 1992

Krishnamurti (über ihn): Alcyone: *Zu Füßen des Meisters.* Adyar, Satteldorf, 9. Aufl. 1995

Leadbeater, C. W.: *Der sichtbare und der unsichtbare Mensch.* Bauer, Freiburg, 7. Aufl. 1991

Die Mahatma-Briefe an A. P. Sinnett und A. O. Hume. 3 Bd., Adyar, Satteldorf 1977-82

---

2) Die Amanuensis (d. h. „Schreibgehilfin") des tibetanischen Meisters D. K.

Ouspensky, P. D.: *Ein neues Modell des Universums.* Sphinx, Basel, 2. Aufl. 1986

Sowie Werke der folgenden Autoren:

Gurdjieff, Rudolf Steiner, Emanuel Swedenborg, Raymond Lully, Eliphas Levi, Douglas Baker.

ANHANG 3

SPIRITUELLE WERTE

Die Einschätzung spiritueller Werte gehört zu einem Fragebogen, der vom Claregate College versandt wird. Wenn sie zur Auswertung zurückkommen, überrascht der überaus große Meinungsunterschied darüber, welche spirituellen Werte die wichtigsten sind, immer wieder. Hier eine alphabetische Auflistung:

Askese

Aufheben von Dharma

Auflösen von schlechtem Karma

Aurasehen

Ausstrahlen von gutem Willen

Bewußtseinskontinuität

Dienst am Menschen

Ehrlichkeit sich selbst gegenüber (etwa beim Führen des spirituellen Tagebuches)

Einstellung zur Initiation

Entfaltung der Intuition

Esolepsie (Rückzug und Nach-innen-Wendung des Bewußtseins)

Exoterische Ausbildung

Freude

Führen eines spirituellen Tagebuches

DAS DRITTE AUGE

Gedankenkontrolle
Gefühlskontrolle
Gewaltlosigkeit
Glaube an einen göttlichen Plan
Glück (im Unterschied zur Freude)
Identifikation mit dem Meister („Ich bin er" oder „Ich bin sein Instrument")
Identifikation mit dem Planeten
Integration der Persönlichkeit
Integrität
Interesse am spirituellen Fortschritt
Interesse an Fakten
Körperliche Reinheit
Meditation
Okkulte Stille
Okkulter Gehorsam
Platonie: ständige platonische Einstellung und Verhaltensweise
Reiches Vokabular bildhafter Symbole
Seelenreife
Sorge um das Tierreich
Soziale Anerkennung des eigenen spirituellen Standes
Spirituelle/weise Verwendung von Geld
Studium der okkulten Klassiker und alten Weisheitslehren
Studium neuer Forschung
Traumerinnerungsvermögen
Übung der Loslösung

ANHANG 3

Unterscheidungsvermögen (zwischen dem Wirklichen und Unwirklichen)
Unterstützung durch die Umgebung
Vegetarische Kost
Verständnis der Strahlen
Vollkommene Hingabe
Wissen um frühere Leben
Zeiten der Stille

Printed in Italy
NUOVA POLIGRAFICA
– August 1997 –